Origines et Histoire de l'Écriture

Origines et Histoire de l'Écriture

Alfred Maury
E. B. de Condillac

Collection « Les Pages de l'Histoire »

Editions Le Mono

ISBN : 978-2-36659-693-9
EAN : 9782366596939

Première partie[1]

Les hommes, en état de se communiquer leurs pensées par des sons, sentirent la nécessité d'imaginer de nouveaux signes propres à les perpétuer et à les faire connaître à des personnes absentes. Alors l'imagination ne leur représenta que les mêmes images qu'ils avaient déjà exprimées par des actions et par des mots, et qui avaient, dès les commencements, rendu le langage figuré et métaphorique. Le moyen le plus naturel fut donc de dessiner les images des choses. Pour exprimer l'idée d'un homme ou d'un cheval, on représenta la forme de l'un ou de l'autre ; et le premier essai de l'écriture ne fut qu'une simple peinture.

C'est vraisemblablement à la nécessité de tracer ainsi nos pensées que la peinture doit son origine; et cette nécessité a sans doute concouru

---

[1] Basé sur les travaux de E.B. De Condillac, dans *Essai sur l'origine des connaissances humaines.(Tome 2.)*

à conserver le langage d'action, comme celui qui pouvait se peindre le plus aisément. Malgré les inconvénients qui naissaient de cette méthode, les peuples les plus polis de l'Amérique n'en avaient pas su inventer de meilleure. Les égyptiens plus ingénieux ont été les premiers à se servir d'une voie plus abrégée, à laquelle on a donné le nom d'hiéroglyphe. Il paraît, par le plus ou moins d'art des méthodes qu'ils ont imaginées, qu'ils n'ont inventé les lettres qu'après avoir suivi l'écriture dans tous ses progrès. L'embarras que causait l'énorme grosseur des volumes engagea à n'employer qu'une seule figure pour être le signe de plusieurs choses. Par ce moyen, l'écriture, qui n'était auparavant qu'une simple peinture, devint peinture et caractère ; ce qui constitue proprement l'hiéroglyphe. Tel fut le premier degré de perfection qu'acquit cette méthode grossière de conserver les idées des hommes. On s'en est servi de trois manières, qui, à consulter la nature de la chose, paraissent avoir été trouvées par degrés et dans trois temps différents. La première consistait à employer la principale circonstance d'un sujet pour tenir lieu du tout. Deux mains, par exemple, dont l'une tenait un bouclier et l'autre un arc, représentaient une bataille. La seconde, imaginée avec plus d'art, consistait à substituer l'instrument réel ou métaphorique de la chose à la chose même. Un œil placé d'une manière éminente était destiné à représenter la science infinie de Dieu ; et une épée représentait un tyran. Enfin, on fit plus : on se servit pour représenter une chose, d'une autre où l'on voyait quelque ressemblance ou quelque analogie ; et ce fut la troisième manière d'employer cette écriture. L'univers, par exemple, était représenté par un serpent ; et la bigarrure de ses taches désignait les étoiles.

Le premier objet de ceux qui imaginèrent les hiéroglyphes fut, de conserver la mémoire des événements, et de faire connaître les lois, les règlements, et tout ce qui a rapport aux matières civiles. On eut donc soin, dans les commencements, de n'employer que les figures dont l'analogie était le plus à la portée de tout le monde : mais cette méthode fit donner dans le raffinement, à mesure que les philosophes s'appliquèrent aux matières de spéculation. Aussitôt qu'ils crurent avoir découvert dans les choses des qualités plus abstruses ; quelques-uns, soit par singularité, soit pour cacher leurs connaissances au vulgaire, se plurent à choisir pour caractère des figures dont le rapport aux choses qu'ils voulaient exprimer n'était point connu. Pendant quelque temps, ils se bornèrent aux figures dont la nature offre des modèles : mais, par la suite, elles ne leur parurent ni suffisantes, ni assez commodes pour le grand nombre d'idées que leur imagination leur fournissait. Ils formèrent donc leurs hiéroglyphes de l'assemblage mystérieux de choses différentes, ou de partie de divers animaux : ce qui les rendit tout-à-fait énigmatiques. Enfin l'usage d'exprimer les pensées par des figures analogues, et le dessein d'en faire quelquefois un secret et un mystère, engagea à représenter les modes mêmes des substances par des images sensibles. On exprima la franchise par un lièvre ; l'impureté, par un bouc sauvage ; l'impudence, par une mouche ; la science, par une fourmi, etc... En un mot, on imagina des marques symboliques pour toutes les choses qui n'ont point de formes. On se contenta, dans ces occasions, d'un rapport quelconque : c'est la manière dont on s'était déjà conduit, quand on donna des noms aux idées qui s'éloignent des sens.

Jusque-là, l'animal ou la chose qui servait à représenter, avait été destiné au naturel. Mais lorsque l'étude de la Philosophie, qui avait occasionné l'écriture symbolique, eût porté les Savants d'Égypte à écrire beaucoup sur divers sujets, ce dessein exact multipliant trop les volumes, parut ennuyeux. On se servit donc par degrés d'un autre caractère, que nous pouvons appeler l'écriture courante des hiéroglyphes. Il ressemblait aux caractères Chinois, et, après avoir d'abord été formé du seul contour de la figure, il devint à la longue une sorte de marque. L'effet naturel que produisit cette écriture courante, fut de diminuer beaucoup de l'attention qu'on donnait au symbole, et de la fixer à la chose signifiée. Par ce moyen l'étude de l'écriture symbolique se trouva fort abrégée ; n'y ayant alors presque autre chose à faire qu'à se rappeler le pouvoir de la marque symbolique, au lieu qu'auparavant il fallait être instruit des propriétés de la chose ou de l'animal qui était employé comme symbole. En un mot, cela réduisit cette sorte d'écriture à l'état où est présentement celle des Chinois.

Ces caractères ayant essuyé autant de variations, il n'était pas aisé de reconnaître comment ils provenaient d'une écriture qui n'avait été qu'une simple peinture. C'est pourquoi quelques Savants sont tombés dans l'erreur de croire que l'écriture des Chinois n'a pas commencé comme celle des Égyptiens,

Voilà l'histoire générale de l'écriture conduite par une gradation simple depuis l'état de la peinture jusqu'à celui de la lettre : car les lettres font les derniers pas qui restent à faire après les marques Chinoises, qui d'un côté participent de la nature des hiéroglyphes

Égyptiens, et de l'autre participent des lettres, précisément de même que les hiéroglyphes participaient également des peintures Mexicaines et des caractères Chinois. Ces caractères sont si voisins de notre écriture qu'un alphabet diminue simplement l'embarras de leur nombre, et en est l'abrégé succinct.

Malgré tous les avantages des lettres, les égyptiens, longtemps après qu'elles eurent été trouvées, conservèrent encore l'usage des hiéroglyphes. C'est que toute la science de ce peuple se trouvait confiée à cette sorte d'écriture. La vénération qu'on avait pour les livres, passa aux caractères dont les savants perpétuèrent l'usage. Mais ceux qui ignoraient les sciences ne furent pas tentés de continuer de se servir de cette écriture. Tout ce que put sur eux l'autorité des savants, fut de leur faire regarder ces caractères avec respect, et comme des choses propres à embellir les monuments publics, où l'on continua de les employer. Peut-être même les prêtres égyptiens voyaient-ils avec plaisir que peu à peu ils se trouvaient seuls à avoir la clef d'une écriture qui conservait les secrets de la religion. Voilà ce qui a donné lieu à l'erreur de ceux qui se sont imaginés que les hiéroglyphes renfermaient les plus grands mystères.

Par ce détail on voit comment il est arrivé que ce qui devait son origine à la nécessité, a été dans la suite employé au secret et a été cultivé pour l'ornement. Mais par un effet de la révolution continuelle des choses, ces mêmes figures qui avoient d'abord été inventées pour la clarté, et puis converties en mystères, ont repris à la longue leur premier usage. Dans les siècles florissants de la Grèce et de Rome, elles étaient employées sur les „ monuments et sur les médailles, comme le moyen le plus propre à faire connaitre la pensée : de sorte que le même symbole qui cachait en Égypte une sagesse profonde, était entendu par de simple peuple en Grèce et à Rome.

Le langage dans ses progrès a suivi le sort de l'écriture. Dès les commencements les figures et les métaphores furent, comme nous l'avons vu, nécessaires pour la clarté ; puis elles se changèrent en mystères, et servirent ensuite à l'ornement, avant de finir par être entendues de tout le monde.

Deuxième partie

Les origines de l'écriture[2]

Lorsqu'une invention est arrivée au dernier degré de perfection et de simplicité, la pensée ne se représente pas facilement la marche qu'on a suivie pour atteindre si haut. Veut-on retrouver la voie qui a conduit l'homme, de procédés en procédés, aux œuvres qu'on a sous les yeux, il faut souvent dépenser presque autant de pénétration qu'en a demandé la création de ces procédés mêmes. Nous sommes si loin des moyens grossiers qui constituent le point de départ de l'invention que nous ne discernons pas tout d'abord le fil qui les rattache à la conception dernière. Tel est le cas pour l'écriture, cette merveilleuse découverte qui nous semble aujourd'hui si simple, familiarisés que nous sommes avec elle dès notre enfance. Elle a exigé pour devenir ce

---

[2] Par Alfred Sauvy, 1875.

qu'elle est des siècles de tâtonnements et d'efforts ; elle a une longue histoire dont les débuts remontent à la nuit des âges, et que le vulgaire ne soupçonne pas. C'est au reste ce qui eut lieu dans l'antiquité pour les inventions les plus utiles, tout au moins les plus usuelles. On en connaît moins l'origine que celle de certaines conceptions bizarres et d'un emploi parfois stérile. Cependant quelle histoire offre plus d'intérêt que celle du procédé qui a permis d'étendre et de compléter la parole, qui a donné la vie à la science en lui fournissant les moyens de retenir et de transmettre les notions acquises par l'observation et l'expérience, et qui est ainsi devenu le véhicule de toutes les autres inventions ?

L'histoire de l'écriture est une des pages les plus curieuses des annales de l'esprit humain ; elle nous fait toucher du doigt les premiers expédients à l'aide desquels l'homme est parvenu non-seulement à fixer sa pensée, mais à l'éclaircir et à la particulariser. Que de notions acquises seraient sans l'écriture demeurées vagues et incomplètes ! Cette histoire nous apporte la preuve de la marche progressive de l'intelligence chez l'homme et de la puissance de propagation qu'ont eue les œuvres du génie humain. Comme l'histoire de toutes les inventions, elle a l'avantage de nous montrer la façon dont on s'y est pris dans le principe pour rendre ce qui semblait impossible à rendre, pour accomplir ce qui paraissait inexécutable ; elle nous donne donc, une leçon de méthode qui trouvera son application en bien d'autres choses.

Pourtant l'histoire de l'écriture, on n'aurait pas réussi, il y a seulement trois quarts de siècle, à l'esquisser. On ne savait alors sur l'origine des lettres que les fables qui nous furent transmises par les Grecs ; on ne possédait aucun des monuments propres à nous faire remonter au berceau de l'invention, et, les eût-on possédés, on eût été incapable de les interpréter. Il a fallu les récents travaux de l'archéologie égyptienne, orientale, mexicaine, les recherches des voyageurs et des philologues, pour reconstituer les matériaux qui permettent d'écrire l'histoire des transformations de l'écriture. C'est la comparaison des phénomènes que présentent les divers systèmes graphiques, des métamorphoses de leurs signes aux différents âges, qui a rendu possible un aperçu tel que celui qui va suivre. Ce qui avait pu être taxé d'abord soit d'invraisemblable, soit de purement conjectural, a pris, grâce aux monuments, le caractère de l'évidence. L'écriture, aussi bien que le langage, nous apparaît comme le produit de l'action patiente des siècles, et ce qui affecte aujourd'hui un remarquable aspect d'unité et de régularité, loin d'avoir été la création spontanée et méthodique du génie d'un individu, ne fut que le résultat lent d'artifices divers plus ou moins ingénieux qui se sont succédé souvent en se mêlant, et qui trahissaient à leur début l'insuffisance des conceptions qui les firent naître.

I

L'homme n'eut pas plus tôt acquis les premiers éléments des connaissances indispensables à son développement intellectuel et moral, qu'il dut sentir la nécessité d'aider sa mémoire à conserver les notions qu'elle s'était appropriées. Il recourut d'abord à des procédés très imparfaits, propres seulement à éveiller la pensée du fait dont il voulait perpétuer le souvenir ; il en associa l'idée à des objets physiques observés ou fabriqués par lui. Quand l'homme eut quelque peu grandi en intelligence, l'un des moyens mnémoniques les plus naturels qui s'offrit à lui fut d'exécuter une image plus ou moins exacte de ce qu'il avait vu ou pensé, et cette représentation figurée, taillée dans une substance suffisamment résistante ou tracée sur une surface qui se prêtait au dessin, servit non-seulement à se rappeler ce qu'on craignait d'oublier, mais encore à en communiquer la connaissance à autrui. Toutefois, dans l'enfance de l'humanité, la main était encore maladroite et inexpérimentée.

Souvent elle ne pouvait même pas s'essayer à des ébauches grossières ; certaines races semblent avoir été totalement incapables d'un pareil travail. Bien des populations sauvages se bornèrent à entailler une matière dure, à y faire des marques de diverses formes auxquelles elles attachaient les notions qu'il s'agissait de transmettre. On incisait l'écorce des arbres, la pierre, on gravait sur des planchettes, on dessinait sur des peaux ou de larges feuilles sèches les signes conventionnels qu'on avait adoptés ; ces signes étaient généralement peu compliqués. On employa aussi des lanières, des cordes auxquelles on faisait des nœuds à la façon de ces gens qui font à leur mouchoir une corne pour se rappeler une chose qu'ils craignent d'oublier le lendemain. Suivant la tradition chinoise, les premiers habitants des bords du Hoang-Ho se servaient de cordelettes nouées à des bâtons en guise d'écriture. Ce procédé est encore usité chez les Miao, barbares des montagnes du sud-ouest de la Chine ; il ne semble guère propre à consigner des idées bien complexes, à relater des événements étendus.

Pourtant au Pérou il donna naissance à un système très perfectionné de notations, les *quipos*, où, par l'association de cordelettes de différentes couleurs diversement agencées, on était parvenu à exprimer une foule de choses, en sorte que dans l'empire des Incas les quipos suppléaient assez heureusement à l'ignorance de l'écriture. Les bâtons noueux attachés à des cordes paraissent en Chine avoir été le point de départ de ces mystérieux diagrammes dont on faisait remonter l'invention au roi Fou-Hi et dont il est traité dans l'*Y-King*, un des livres sacrés du Céleste-Empire. Avant que l'alphabet ouigour, d'origine syriaque, eût été adopté chez les Tartares, les chefs se servaient pour transmettre leurs ordres des *khé-mou* ou bâtonnets entaillés. Quand les populations germaniques reçurent la connaissance des lettres latines, elles leur donnèrent le nom de *buch-staben*, dont le sens primitif est celui de bâtons, parce que des bâtonnets entaillés avaient d'abord servi à ces populations de moyens pour se communiquer leurs idées. L'expression correspondante de *bok-staben* désigne encore chez les Scandinaves les baguettes sur lesquelles on grave des signes mystérieux ; cela rappelle ce que nous rapporte Tacite des anciens Germains, lesquels faisaient des marques aux fragments d'une branche d'arbre fruitier qu'ils avaient coupée, et se servaient des morceaux ainsi marqués pour la divination.

La représentation figurée des objets se prêtait plus que ces grossiers procédés à traduire aux yeux la pensée ; elle en assurait mieux la transmission. Aussi la plupart des tribus sauvages douées de quelque aptitude à dessiner y ont-elles eu recours. C'est de là qu'est sortie l'écriture proprement dite. On a rencontré chez une foule de tribus sauvages ou quasi sauvages de ces images gui décèlent plus ou moins le sentiment des formes ; elles n'ont point été simplement le produit de l'instinct d'imitation qui caractérise notre espèce ; l'objet en était surtout de relater certains événements et certaines idées. Il n'y a pas un siècle que la plupart des Indiens de l'Amérique du Nord avaient l'habitude d'exécuter des peintures représentant d'une façon plus ou moins abrégée leurs expéditions guerrières, leurs chasses, leurs pêches, leurs migrations, et à l'aide desquelles ils se rappelaient les phénomènes qui les avaient frappés, les aventures où ils avaient été engagés. Les Peaux-Rouges consignaient aussi dans ces grossiers tableaux leur science et leur mythologie, des prescriptions médicales et des formules magiques. Ils se servaient d'un pareil moyen pour transmettre des ordres et envoyer des propositions à leurs ennemis et à leurs alliés. L'on a publié quelques-unes de ces peintures, qui ressemblent, à s'y méprendre, aux dessins que nous barbouillons dans notre enfance. Les progrès de ce mode d'expression de la pensée se sont confondus avec ceux de l'art ; mais les races qui n'ont point connu d'autre écriture ne poussèrent pas bien loin l'imitation des formes de la nature. Quelques populations atteignirent pourtant à un degré assez remarquable d'habileté dans ce qu'on pourrait appeler la peinture idéographique. Entre les races de l'Amérique septentrionale, dont les langues étaient si variées, quoiqu'elles se rattachent à une même souche, celles qui peuplèrent le Mexique possédèrent un art véritable, et à la fin du XVe siècle elles étaient arrivées à un emploi réellement étonnant des représentations idéographiques.

Lorsqu'en 1519, le jour de Pâques, Fernand Cortez eut pour la première fois une entrevue avec un envoyé du roi de Mexico, il trouva celui-ci accompagné d'indigènes qui, réunis en sa présence, se mirent immédiatement à peindre sur des bandes d'étoffe de coton ou d'agave tout ce qui frappait pour la première fois leurs regards, les navires, les soldats armés d'arquebuses, les chevaux, etc. Des images qu'ils en firent, les artistes mexicains composèrent des tableaux qui étonnaient et charmaient l'aventurier espagnol. Et comme celui-ci leur demandait dans quelle intention ils exécutaient ces peintures, ils lui expliquèrent que c'était pour porter à Montézuma et lui faire connaître les étrangers qui avaient abordé dans ses états. Alors, en vue de donner au monarque mexicain une plus haute idée des forces des *conquistadores*, Fernand Cortez fît manœuvrer ses fantassins et ses cavaliers, décharger sa mousqueterie et tirer ses canons, et les peintres de reprendre leur pinceau et de tracer sur leurs bandes d'étoffe les exercices si nouveaux pour eux dont ils étaient témoins. Ils s'acquittèrent de leur tâche avec une telle fidélité de reproduction que les Espagnols s'en émerveillèrent. Tous les peuples qui se contentent de représentations figurées pour rendre graphiquement la parole ne nous offrent pas un usage aussi avancé des peintures idéographiques. L'observation d'une grande exactitude dans les détails, d'une précision rigoureuse dans la reproduction de la réalité, aurait nui le plus souvent à la rapidité de l'exécution, et, dans le plus grand nombre des cas, aurait été tout à fait impossible. Comme c'était uniquement en vue de parler à l'esprit et d'aider la mémoire que l'on recourait à de semblables dessins, on prit l'habitude d'abréger le tracé, de réduire les figures à ce qui était strictement nécessaire pour en comprendre le sens. On adopta des indications conventionnelles qui dispensèrent de beaucoup de détails. Dans cette peinture idéographique, on recourut aux mêmes tropes, aux mêmes figures de pensée dont nous nous servons dans le discours, la synecdoque, la métonymie, la métaphore. On représenta la partie pour le tout, la cause pour l'effet, l'effet pour la cause, l'instrument pour l'ouvrage produit, l'attribut pour la chose même. Ce qu'une image matérielle n'aurait pu peindre directement, on l'exprima au moyen de figures qui en suggéraient la notion par voie de comparaison ou d'analogie.

Tels sont les procédés que nous offre l'écriture figurative des Égyptiens, des Mexicains. Les premiers voulaient-ils, par exemple, rendre l'idée de combat, ils dessinaient deux bras humains dont l'un tient un bouclier et l'autre une sorte de hache d'arme ; les seconds voulaient-ils exprimer l'idée de courir, ils représentaient deux jambes dans l'action de se mouvoir rapidement. Ainsi se constitua le symbolisme qui envahit de bonne heure l'écriture idéographique, comme il avait envahi la religion. En outre les images affectèrent une signification particulière par le fait de leur association ; la métaphore, l'emblème, le trope, valurent à certains groupes figurés un sens qui naissait du rapprochement des diverses images dont ces groupes étaient composés. C'est surtout de la sorte qu'on rendit idéographiquement des conceptions qui ne se prêtaient pas ou se prêtaient mal à une simple reproduction iconographique. Les Égyptiens employaient très fréquemment cette méthode, et on la trouve également appliquée dans les peintures mexicaines. On en saisit la tracé dans l'écriture chinoise, dont les caractères graphiques ne sont que les altérations des images grossières des objets qu'ils dessinaient d'abord en manière d'écriture. Ces figures réunies de façon à rendre une idée constituent ce que les Chinois appellent *hoei-i*, c'est-à-dire *sens combinés* ; par exemple la figure d'une bouche humaine tracée à côté de l'image d'un oiseau signifia *chant*, celle d'une oreille entre les deux battants d'une porte exprima l'idée d'entendre ; le symbole de l'eau accolé à la figure d'un œil eut le sens de larmes. Il n'est pas jusqu'aux Peaux-Rouges qui n'aient usé de pareils emblèmes, tant l'emploi s'en offre naturellement à l'esprit.

L'écriture idéographique ne demeura donc pas longtemps une simple représentation iconographique ; elle forma bientôt un mélange d'images de significations très diverses, une suite de représentations prises tour à tour au sens propre et au sens tropique, d'emblèmes, de véritables énigmes dont l'intelligence demandait souvent une pénétration particulière. A cet état, l'écriture idéographique était un art difficile, parfois même un secret qui devait rester le privilège d'un petit nombre, de ceux qui l'emportaient par l'adresse de la main et par les lumières, conséquemment des prêtres ou des magiciens, des sorciers, qui en tiennent lieu chez les populations les plus barbares et les plus ignorantes. Le nom d'hiéroglyphes a donc été justement appliqué à ces systèmes graphiques.

Dans le symbolisme qui y était étroitement lié se donnaient nécessairement rendez-vous toutes les sciences, toutes les croyances du peuple qui faisait usage de tels procédés. De là l'impossibilité de déchiffrer ces sortes d'écritures, si l'on ne s'est familiarisé avec les idées de ceux dont, elles émanent. On peut bien dans les hiéroglyphes égyptiens reconnaître du premier coup telle ou telle image, par exemple celle d'un homme qui est lié à un poteau, qui a les coudes attachés, qui fait une offrande ou porte une massue ; mais comment pourrait-on deviner que l'image d'un vautour traduit l'idée de maternité, si l'on ignorait que du temps des pharaons les Égyptiens supposaient que cette espèce d'oiseau ne renferme que des femelles pouvant produire sans le concours des mâles ? Comment attacherait-on le sens de fils à la figure d'une oie, si l'on ne savait que l'oie du Nil passait pour un modèle de piété filiale ? Comment la figure d'un épervier sur un perchoir suggérerait-elle l'idée de Dieu, si l'on n'était point informé que l'épervier était tenu pour l'emblème du soleil, le dieu par excellence ?

L'écriture figurative ne fut pas seulement tracée sur les rochers ou le tronc des arbres ; elle ne fut point uniquement employée à la composition de quelques courtes inscriptions ; elle servit, comme l'attestent les monuments de l'Égypte et de l'Amérique centrale, à décorer les édifices qu'elle faisait ainsi parler à la postérité ; mais il fallait pouvoir transporter partout où il était nécessaire ces images écrites. L'homme avait besoin d'emporter avec lui sa mnémonique ; il prépara des peaux, des étoffes, des substances légères et faciles à se procurer, sur lesquelles il grava, il peignit des successions de figures, et il eut de la sorte de véritables livres. La pensée put dès lors circuler ou se garder comme un trésor ; certaines tribus sauvages, pour la rendre plus expressive, allèrent jusqu'à, se servir de leur propre corps comme de papier, et chez diverses populations polynésiennes les dessins du tatouage, qui s'enrichissait à chaque époque principale de la vie, étaient une véritable écriture. On lisait sur la peau du sauvage sa biographie, ses exploits, parfois même les obligations qu'il avait contractées. Aussi un savant allemand, M. H. Wuttke, à qui on doit une intéressante *Histoire de l'écriture*, a-t-il consacré tout un chapitre au tatouage. N'avons-nous pas pendant bien longtemps écrit en quelques lettres avec le fer chaud sur l'épaule du criminel l'histoire abrégée de son crime ?

Les populations les moins avancées entre celles qui usèrent de l'écriture figurative n'ont pas dépassé le procédé qui consiste à rendre la pensée par de simples images d'hommes, d'animaux, de plantes, d'ustensiles, etc. ; mais celles qui s'élevèrent à une véritable civilisation n'en sont pas généralement restées là. A force d'être tracées rapidement et abrégées, les figures s'altérèrent dans leurs formes et finirent par ne plus offrir que des signes où il était souvent bien difficile de reconnaître le type originel. Le fait s'observe déjà quelquefois dans les peintures mexicaines, mais il se produisit sur une bien plus grande échelle en Égypte, où l'écriture hiéroglyphique était usitée depuis un temps immémorial. On y substitua pour le besoin journalier une véritable tachygraphie qu'on trouve employée spécialement sur les papyrus, et que les égyptologues nomment écriture *hiératique*. Plus tard même on en imagina une plus cursive encore, reposant sur un système à certains égards plus avancé ; c'est celle qu'on appelle *démotique*, parce qu'elle fut en usage aux derniers temps des pharaons et sous les Ptolémées chez presque toute la population égyptienne. En Chine, les images grossièrement tracées furent aussi promptement défigurées, et elles ne présentèrent plus qu'un ensemble de traits que le scribe exécuta avec le pinceau, et dont l'assemblage ne garde aucune ressemblance avec les figures dont elles sont cependant l'altération. Dans les écritures cursives employées en Chine, les signes se sont corrompus davantage, et n'ont affecté que des formes toutes conventionnelles. Arrivée à ce point, l'écriture figurative cesse d'être une peinture pour devenir une *séméiographie*, c'est-à-dire un assemblage de caractères représentant des idées et constituant ce que les archéologues appellent des idéogrammes. L'écriture cunéiforme, qui comprend divers systèmes, contient une foule de signes de cette nature. Les traits offrant l'aspect de flèches ou de clous y forment par leur groupement, varié à l'infini, de véritables caractères. Ces groupes cunéiformes, comme les plus anciens caractères chinois, reproduisaient grossièrement à l'origine la configuration des objets ; mais. les images se sont ensuite si fort altérées, qu'à de rares exceptions près on ne peut plus remonter aux prototypes iconographiques. On n'est en présence que de signes ayant une valeur purement mnémonique et dont un grand nombre affectent une valeur phonétique. Il n'y a pas au reste lieu de s'étonner de cette disparition complète des images, vu la longue durée qu'il faut attribuer à l'évolution de ce système graphique remontant à plus de quinze siècles au-delà de l'époque où il cessa d'être en usage, et dont les premiers monuments datent encore de plus loin. Il est d'ailleurs à noter que les groupes cunéiformes ont notablement varié de configurations suivant les temps et suivant les lieux, et cela au sein d'un même système.

Les Nahuas, qui constituaient la population dominante du Mexique central à l'arrivée des Espagnols, et dont j'ai mentionné tout à l'heure l'écriture idéographique, ne semblent pas s'être autant éloignés dans la pratique du dessin des objets réels, car dans leurs anciens manuscrits la figure des symboles est presque toujours reconnaissable. Je ne parle pas de l'écriture qu'on a qualifiée de calculiforme, les *katouns*, employés sur les monuments du Yucatan ; on n'a point encore réussi à les déchiffrer.

La méthode sémiographique n'évinça pas les symboles, les emblèmes, les images combinées ; elle ne fit qu'en altérer d'une manière à peu près complète l'aspect. On retrouve donc dans l'hiératique égyptien comme dans l'écriture chinoise actuelle, comme dans le cunéiforme assyrien, des caractères véritablement idéographiques ; ils existaient de même dans l'écriture cunéiforme des Anariens où Touraniens de l'Assyrie, du peuple qui paraît avoir formé la population primitive de la Babylonie et des tribus de même race habitant la Médie. Les inscriptions dites *accadiennes* et le texte qualifié de médo-scythique des monuments de l'époque des rois de Perse achéménides nous en montrent l'usage. Les caractères idéographiques se dénommaient nécessairement par les mots qui, dans la langue du peuple qui s'en servait, répondaient aux idées ainsi exprimées. De la sorte, les signes composés ou groupes de plusieurs images arrivaient, comme en témoigne l'écriture chinoise, à représenter des mots simples ; ce qui conduisit à prendre ces caractères pour les signes mêmes des sons émis lorsqu'on les lisait. Les signes - images et les idéogrammes, qui n'en étaient qu'une corruption, devinrent donc graduellement de véritables caractères vocaux, et cela dut avoir lieu surtout dans des écritures telles que celle des Chinois et le cunéiforme, où le signe, ayant perdu l'apparence d'une représentation d'objets réels, ne pouvait plus éveiller que l'idée du mot qu'on y avait attaché. Ainsi naquit le phonétisme, c'est-à-dire l'usage de caractères répondant non à des idées, mais à des sons.

Images et idéogrammes constituèrent donc des signes de sons, et ces sons, monosyllabiques en chinois, le devinrent aussi dans les langues polysyllabiques par suite de l'habitude qui prévalut peu à peu, comme nous le montrent l'égyptien et le nahuatl, de tenir ce signe pour l'expression du son initial ou dominant du mot. C'est ce qu'on a appelé la méthode acrologique. On arrivait dès lors à écrire phonétiquement par le procédé du rébus ; cependant l'objet figuré représentait, non l'ensemble des sons compris dans le nom qu'il portait, mais seulement le son principal. Les Nahuas voulaient-ils par exemple écrire le nom du roi Itzcoatl, ils dessinaient des flèches à pointe d'obsidienne, pierre qui se disait dans leur idiome *itzli*, à l'entour de la figure d'un serpent, animal appelé dans le même idiome *cohuatl*. Le phonétisme acrologique faisait lire la figure de la flèche *itz* pour *itzli*, et l'on avait alors, à l'aide d'un véritable rébus, le nom d'Itzcoatl. Les images prises pour des expressions de sons chez les anciens Mexicains finirent de la sorte par représenter des syllabes, même de simples voyelles, et on les combinait pour écrire les mots polysyllabiques. C'était, comme on voit, un phonétisme très imparfait, fondé souvent sur une sorte de calembours par approximation, et qui devait donner lieu à de fréquentes erreurs, une place déterminée correspondant à celui de la syllabe dans le mot n'étant point assignée à chaque caractère. Les figures hiéroglyphiques des Mexicains, tout en étant quelquefois employées avec leur sens idéographique, fournissaient aux derniers temps de la littérature nahuatl de véritables lettres ou plutôt des signes syllabiques. Ainsi l'image de l'eau (*atl*), par suite de l'extension de la méthode acrologique, représentait le son *a*, celle de la fève (*etl*) le son *e*, celle de la main (*maitl*) le son *ma*, celle d'un autel (en nahuatl *momoztli*) la syllabe *moz*, etc. Quand plus tard on essaya de traduire en hiéroglyphes mexicains des mots espagnols ou le latin des prières de l'église, on sentit l'imperfection d'un tel syllabaire, car les signes faisaient défaut pour représenter-une foule de sons étrangers au nahuatl. Il fallut se contenter de très grossiers à-peu-près. Voulait-on par exemple écrire *amen*, on associait l'hiéroglyphe de l'eau (en mexicain *atl*), prononcé *a*, à l'image de la plante agavé, qui s'appelait *metl* dans le même idiome, et l'on avait de la sorte le mot *ametl*, vocable approchant de l'exclamation hébraïque adoptée dans la liturgie chrétienne. Pour rendre *pater noster*, on recourait à des assimilations de sons analogues, et au moyen d'hiéroglyphes phonétiques correspondants on écrivait *pan-tetl-noch-tetl*. Le procédé acrologique a été appliqué par les Égyptiens à peu près de la même façon que le faisaient les Nahuas, comme le remarque M. F. Lenormant dans son livre sur l'*Histoire de la propagation de l'alphabet phénicien*.

L'emploi des images à valeur phonétique n'amena pas, je l'ai dit, l'abandon des idéogrammes, des images simples ou prises dans un sens tropique ; les unes et les autres concoururent à fournir les éléments de l'écriture, mais, comme rien ne les distinguait extérieurement, comme un même signe pouvait tour à tour répondre à une idée ou à un son, il en serait résulté une extrême confusion, si l'usage n'avait consacré pour de certaines images une valeur presque exclusivement phonétique ; celles-ci, en perdant leur rôle idéographique, devenaient de simples lettres. Les Chinois ne firent pas subir à leurs idéogrammes un pareil changement d'attribution ; ils se contentèrent d'ajouter à la plupart de leurs groupes composés, en lui assignant généralement une place fixe, un caractère indicatif du son : celui-ci marquait la prononciation du groupe dont la valeur idéographique était plus ou moins clairement annoncée par un autre des caractères qui le composaient, appelé *clé* ; ces clés, au nombre de 214, étaient réputées représenter les idéogrammes simples. Dans l'écriture égyptienne, où les signes étaient d'origine plus variée qu'en chinois, on ne s'arrêta pas à un système si régulier, on recourut à des hiéroglyphes complémentaires qui aidaient à fixer le sens. C'est ce qu'on a appelé des *déterminatifs* : ils se placent ordinairement après la partie phonétique du groupe, mais ils n'affectent pas tous une égale précision. Tantôt ils n'ont qu'une acception générique, en sorte qu'ils sont susceptibles d'être employés après une foule de racines n'ayant entre elles qu'un rapport de sens assez éloigné ; tantôt ils ne conviennent qu'à une catégorie spéciale de mots que lie une idée commune ; parfois ils sont l'image même de la chose que le groupe énonce phonétiquement, et alors se produit ce que nous présentent tant de caractères chinois, qui sont à la fois phonétiques et idéographiques. Cet expédient même ne suffisait pas pour faire disparaître toute obscurité, certains de ces déterminatifs pouvant eux-mêmes être confondus avec des signes phonétiques servant à la composition du mot. Quelquefois on les multipliait, et dans ce cas c'est ordinairement le dernier qui fournit le véritable sens de la racine.

La manière dont le phonétisme avait pris naissance engendra ce qu'on a appelé la *polyphonie*, c'est-à-dire que les caractères idéographiques devenus des signes de syllabes furent aptes à représenter indifféremment telle ou telle syllabe, car les sons attachés aux signes procédaient des mots par lesquels on avait désigné les images, et ces mots pouvaient être divers pour une seule et même représentation. Afin de noter la véritable prononciation d'un caractère polyphone employé dans un groupe donné, on recourait à un ou plusieurs compléments phonétiques, c'est-à-dire à un ou plusieurs des signes qui marquaient le son qu'on voulait indiquer. Tel hiéroglyphe par exemple répondait-il aux articulations *ab* et *mer*, lorsqu'il devait avoir la prononciation *ab*, on le faisait suivre d'un hiéroglyphe ayant la valeur du *b*, et lorsqu'il devait se prononcer *mer*, on le faisait suivre des deux hiéroglyphes ayant les valeurs respectives de *m* et *r*. C'était là sans doute des moyens bien grossiers ; mais, avant d'arriver à des procédés simples, on n'en conçut que d'imparfaits. Le signe complémentaire comportait parfois lui-même plusieurs valeurs phonétiques, et il fallait alors deviner celle qui était à choisir, et le caractère à expliquer aidait à son tour à la détermination. Les Assyriens et leurs devanciers, auxquels on donne le nom encore contesté d'Accadiens, firent également usage de compléments phonétiques, qu'ils plaçaient après la dernière syllabe du mot. Ils ont eu pareillement de véritables déterminatifs, car dans le système cunéiforme certains signes particuliers précèdent les noms de dieux, d'hommes, de pays, et servent ainsi à reconnaître que le mot n'est point un substantif générique. De plus, quand le scribe assyrien employait un idéogramme ambigu, il y joignait au besoin une glose dans laquelle était donnée, en plus petits caractères, la lecture assyrienne du signe en question. Tout cela n'empêchait pas que le système graphique des Égyptiens, comme celui des Assyriens, ne fût d'un usage fort incommode et n'exigeât une grande pratique ; mais le dédale où ces écritures jetaient parfois le lecteur devint bien autre pour le système idéographico-phonétique quand celui-ci passait du peuple qui l'avait créé à un peuple qui n'en parlait pas l'idiome et dont la langue, d'un génie différent, ne possédait pas les mêmes articulations. C'est ce qui eut lieu précisément pour le cunéiforme. Les Assyriens, qui reçurent les idéogrammes cunéiformes des Touraniens, appliquèrent tour à tour à ces caractères des lectures nouvelles tirées de leur propre langue et de nouvelles valeurs phonétiques, qui ne firent pas pour cela abandonner celles que leurs devanciers y avaient attachées. Se servant ainsi simultanément et souvent dans un même mot de caractères syllabiques et de caractères purement idéographiques, ils firent de leur écriture une marqueterie très compliquée et où il était facile de s'égarer. Tandis que les idéogrammes continuaient à être employés surtout pour écrire les racines des mots, le phonétisme servait exclusivement à écrire les formes des cas, des temps, des personnes, toutes ces flexions qu'il était indispensable de noter avec quelque précision. Ainsi en passant des Touraniens aux

Sémites de l'Assyrie, le système cunéiforme s'encombra d'une foule de valeurs nouvelles pour les groupes écrits à l'aide de clous. Les Assyriens imaginèrent à leur tour des groupes conçus d'après le même principe que les précédents, et les équivalents se multiplièrent indéfiniment. La polyphonie, encore très peu développée dans l'écriture dite accadienne, prit d'énormes proportions chez les Assyriens. Un même caractère y compte quelquefois dix ou douze valeurs différentes. Sans doute les signes cunéiformes sont loin d'offrir tous une telle cacophonie ; mais chez la plupart on observe quelques-unes des transitions de l'idéogramme au son et réciproquement. Des métamorphoses nouvelles dans la valeur des signes s'opérèrent pareillement quand l'écriture passa aux Médo-Scythes ou Touraniens de la Médie, aux Alarodiens de l'Arménie, qui s'approprièrent de leur côté l'écriture cunéiforme et en reçurent conséquemment les caractères avec les sons que leur avaient prêtés ceux qui en faisaient usage avant eux. Bon nombre de groupes subirent ainsi un accroissement d'acceptions.

La comparaison des textes n'aurait pas suffi pour constater des mutations si multipliées ; on ne se serait pas reconnu dans un tel labyrinthe sans la découverte de guides qu'on ne pouvait pas dans le principe espérer. Je veux parler de ces tablettes de terre cuite qui se sont rencontrées dans les ruines du palais de Ninive et qui paraissent provenir de la bibliothèque de cette demeure royale. On y voit gravés de véritables tableaux de concordances graphiques, et le texte nous apprend que le roi assyrien Assourbanipal les avait fait exécuter pour l'usage des scribes ; elles n'étaient vraisemblablement que la répétition de documents analogues usités en Babylonie et dont M. George Smith a rapporté de son récent voyage un précieux fragment. Ces tablettes, appelées d'abord improprement *syllabaires* par les assyriologues, contiennent trois colonnes parallèles : celle du milieu donne le caractère cunéiforme à expliquer, celle de gauche en fournit la lecture phonétique, celle de droite en présente la signification rendue par le mot assyrien. L'examen de ces tablettes apporte la preuve que les caractères qui y sont expliqués n'appartenaient point dans le principe à la langue des Assyriens, qu'ils étaient pour ceux-ci de purs idéogrammes. En effet, la transcription phonétique de la colonne de gauche n'offre jamais de mots assyriens ; elle nous transporte dans un tout autre idiome, bien que la transcription effectuée syllabiquement soit parfaitement conforme aux valeurs phonétiques que l'étude des textes bilingues (assyrien et perse) a établies pour les caractères assyriens. Si l'on ne reconnaît pas là la langue de l'Assyrie, on en retrouve bien le syllabaire. La conclusion est que les Assyriens tenaient leur syllabaire du peuple dont l'idiome se trouve sur les tablettes d'Assourbanipal épelé à la colonne de gauche. Les signes inscrits à la colonne médiane montrent qu'en assyrien tel signe ou groupe pouvait avoir des valeurs diverses. Les tablettes enregistrent souvent des lectures différentes pour un même caractère et répondant chacune à une signification spéciale. Quelquefois, il est vrai, plusieurs sens sont attribués en assyrien à un seul et même idéogramme, quoique la transcription phonétique demeure la même, mais il est alors à noter que ces sens s'éloignent peu les uns des autres. Remarquons enfin que, la transcription phonétique de la colonne de gauche nous donnant à chaque instant des mots de plusieurs syllabes, on ne saurait admettre que les tablettes soient de simples syllabaires assyriens, puisque le système graphique de l'Assyrie n'a pas de signes ayant une valeur polysyllabique. Tous les caractères phonétiques de ce système représentent des monosyllabes soit simples, c'est-à-dire formés d'une voyelle et d'une consonne ou *vice versa*, soit complexes, c'est-à-dire formés d'une voyelle et de plusieurs consonnes. Par un procédé plus analytique, on rendait quelquefois la syllabe complexe en la décomposant en deux syllabes simples, la seconde commençant toujours par la voyelle qui finissait la première ; ainsi pour écrire *nap-sat*, on mettait *na-ap sa-at*. Les tablettes de concordance ne sont pas les seuls documents lexicographiques qu'aient découverts les assyriologues ; ils ont encore retrouvé des listes comparatives de mots assyriens et accadiens qui nous fournissent de véritables glossaires, car le mot accadien est presque toujours rendu en assyrien par un mot écrit phonétiquement ; d'autre part des gloses analogues à celles dont j'ai parlé aident dans le déchiffrement de quelques-uns des signes les plus obscurs. C'est donc sur les monuments mêmes de l'Assyrie, comme l'ont montré MM. J. Oppert et F. Lenormant, que la science constate les singuliers échanges de significations subis par les caractères cunéiformes, métamorphoses qui aboutirent à faire de ce mode d'écriture une sorte de chaos. Les Assyriens ne surent pas s'en dégager ; sans doute ils étaient arrivés à posséder un syllabaire qui leur permettait d'écrire phonétiquement tous les mots, mais ils ne parvinrent pas à introduire dans ce syllabaire l'ordre et la simplicité. En Assyrie comme en Égypte, on ne put se résoudre à répudier une foule de signes inutiles de façon à ne plus se trouver en présence que d'un syllabaire uniforme ; les Médo-Scythes, en s'appropriant le système anarien, le débarrassèrent de la plupart de ses idéogrammes et ne conservèrent guère que des caractères phonétiques.

Les Égyptiens, tout en étant sur la voie de la méthode alphabétique, qu'ils appliquaient en certains cas, demeuraient attachés aux procédés idéographiques par leurs habitudes et leurs croyances. Renoncer aux idéogrammes, qui étaient si souvent des symboles divins, des allusions à son culte ou à ses usages, c'était pour ce peuple anéantir son histoire, biffer les inscriptions qui chargeaient ses édifices, déchirer les manuscrits où étaient consignées ses prières, rejeter en un mot ce qui faisait l'objet de sa vénération. Les hiéroglyphes n'étaient-ils pas pour eux la révélation du dieu Thoth ? De même en Chine il y avait trop longtemps qu'on employait les idéogrammes pour qu'on les pût condamner. L'abandon absolu de tels caractères n'était possible que chez un peuple qui n'y était pas enchaîné par la tradition, qui, ayant reçu de l'étranger la connaissance de l'art d'écrire, pouvait faire un choix entre les signes qu'on lui apportait, se contenter d'un certain nombre de caractères phonétiques représentant les monosyllabes, voire de pures articulations. Les choses se passèrent ainsi à l'extrémité orientale de l'Asie, chez les Japonais. Ils avaient reçu, au plus tard vers la fin du IIIe siècle de notre ère, les livres chinois ; ils s'étaient peu à peu familiarisés avec cette littérature. La connaissance de l'idiome du Céleste-Empire se répandit donc au Japon, et l'on y prit ainsi l'habitude d'en employer les caractères ; mais la prononciation et la grammaire japonaises diffèrent profondément de la prononciation et de la grammaire chinoises. Afin de pouvoir lire ces signes, auxquels s'attachaient de certains sons monosyllabiques, il fallut introduire dans leur valeur phonétique des changements qui en permissent l'articulation à des bouches japonaises. De là pour bon nombre de caractères chinois, notamment pour ceux qui impliquaient des lettres que l'idiome japonais ne possédait pas, des modifications de prononciation assez considérables. Les signes empruntés aux Chinois reçurent donc souvent de nouvelles valeurs phonétiques ; en même temps les Japonais, dont l'intelligence pouvait être mise en défaut par la différence que l'ordre des mots offre en chinois, comparé à leur propre langue, introduisaient dans l'écriture de l'empire du Milieu certains signes destinés à rétablir l'ordre syntactique tel que l'exige leur idiome national et notaient certaines flexions. On le voit, ils en usèrent avec le système graphique qui leur était apporté comme les Assyriens en avaient usé à l'égard du système graphique des Accadiens. Au Japon comme en Assyrie, l'écriture idéogrammatique était passée d'un idiome à un autre idiome d'un génie tout opposé. On a aussi observé un fait analogue pour l'écriture pehlevi lorsque des populations d'idiome iranien en faisaient usage.

Les Japonais s'habituèrent à désigner les signes monosyllabiques qu'ils tenaient de leurs voisins par les sons qui y répondaient dans leur système de lecture, soit que ces caractères eussent gardé le monosyllabe chinois, soit qu'on lui eût substitué une syllabe japonaise, soit que, s'attachant au sens idéographique, on eût dénommé le signe par le nom japonais de l'objet qu'il représentait. Ce peuple se trouva ainsi posséder un syllabaire qu'il adapta à sa langue ; mais, celle-ci étant polysyllabique, les Japonais rendirent les mots de plus d'une syllabe par autant de caractères qu'il y avait de syllabes composantes, recourant d'ailleurs pour le tracé des caractères à la forme cursive chinoise ; c'est ce qui constitua l'écriture dite *man-yô-kana*, où l'on observa d'abord ce genre d'obscurité qu'implique l'écriture cunéiforme, et qui tenait aux mêmes causes. « En effet, dit Abel Rémusat, le nombre des syllabes japonaises étant peu considérable, il aurait suffi d'un petit nombre de caractères pour les représenter toutes ; mais l'usage introduisit une confusion très grande en faisant prendre tantôt un caractère et tantôt un autre pour signe de la même syllabe et plus encore en appliquant un même caractère à la représentation de syllabes différentes. » Nous retrouvons donc là le même phénomène de polyphonie qu'offre l'écriture assyrienne. Il était également dû à l'emploi d'un système d'idéogrammes par un peuple parlant une langue différente de celle des inventeurs de ce système. Quant aux signes répondant à des monosyllabes différents, ils s'expliquent par ce fait que la prononciation des caractères chinois avait varié avec le temps, qu'elle différait dans certaines provinces, et que le signe chinois avait tantôt été dénommé par le monosyllabe originel qu'il traduisait aux yeux en Chine, tantôt par le mot japonais exprimant l'idée que ce caractère éveillait. Le syllabaire man-yô-kana ne comprenait donc pas un nombre de signes déterminé, et tous les groupes chinois pris phonétiquement pouvaient à la rigueur y entrer ; mais peu à peu le nombre des signes en usage se réduisit à celui qui était suffisant pour représenter les diverses syllabes de la vocalisation japonaise, c'est-à-dire à 47 signes. Par là un grand progrès fut accompli ; l'écriture était arrivée au syllabisme, et le man-yô-kana, dont on s'est servi pour écrire les vieux monuments de la poésie japonaise composée dans la langue dite de *Yamato*, malgré son nom signifiant *caractères des dix mille feuilles*, ne renferme que ces 47 signes empruntés tous au chinois. Plus tard, au milieu du VIIIe siècle de notre ère, un bonze japonais, appelé Simo-Mitsin-Mabi, qui avait longtemps résidé en Chine, où ses compatriotes allaient s'instruire aux écoles bouddhiques, imagina un syllabaire de 47 caractères, tous dérivés également de caractères chinois, mais abrégés, car dans ce syllabaire, ou, pour prendre le mot indigène, dans cet *irofa*, quatre signes seulement conservent intégralement la forme du caractère chinois qui leur a donné naissance. Ainsi fut constituée l'écriture dite *kata-kana* ou *écriture de fragments*, de forme infiniment plus simple et plus facile à tracer au pinceau que le vieux man-yô-kana. Il semble même que ce soit Simo-Mitsin-Mabi qui ait eu le premier l'idée de réduire à 47 les caractères de l'écriture, chiffre qui fut ensuite adopté pour le man-yô-kana. Le bonze japonais ayant du avoir sous les yeux des livres écrits en caractères hindous, la connaissance de cet alphabet put lui suggérer l'idée de ne se servir que de ce petit nombre de signes. Toutefois les syllabes du kata-kana dépassent en réalité de beaucoup ce chiffre, car à l'aide d'un système de points ou de petits traits indiquant un adoucissement dans la prononciation de la consonne initiale, on opère dans la syllabe un véritable changement de lettre. Si les caractères kata-kana, de forme carrée, lourde et de petite dimension, offraient des avantages pour la clarté, ils ne se prêtaient guère à la rapidité du tracé, et cela fit imaginer au Japon une autre sorte d'écriture, le *fira-kana*, fondée sur le même syllabaire, mais imitée de cette écriture cursive chinoise dite *tsaô-cho*, c'est-à-dire *écriture des plantes*, et où l'on tend constamment à abréger les éléments du groupe constituant le signe. Dans le *fira-kana*, les formes s'arrondirent, des ligatures réunirent les traits entre eux. Si l'on obtint ainsi un dessin infiniment moins élégant et moins clair, on eut en revanche une écriture d'une exécution beaucoup plus rapide. Telle fut l'œuvre de deux bonzes qui vivaient au IXe siècle de notre ère, et depuis cette époque le *fira-kana* a prévalu dans la grande majorité des livres japonais : mais le progrès amené par l'invention de ces deux genres d'écriture fut entravé par la persistance de l'usage des caractères chinois. La langue du Céleste-Empire continuant à être fort répandue au Japon, elle exerça sur la littérature de ce pays une influence analogue à celle que l'arabe a exercée sur le persan et le turc. Une foule de mots chinois passèrent dans le style japonais, et en les écrivant on leur laissa la forme graphique qu'ils avaient originairement. De là le mélange qui s'observe sans cesse dans les livres japonais de caractères de l'irofa et de signes chinois, mélange qui ne contribue pas peu à la difficulté qu'éprouvent les Européens à apprendre à lire ces livres.

Les Japonais s'en tinrent là et ne dépassèrent pas le procédé syllabique ; ils l'ont toutefois réduit à sa plus grande simplicité. Il y a loin en effet du petit nombre de signes du *kata-kana* au syllabaire si riche des Assyriens. Malgré leur intelligence, les hommes de l'empire des Daïris n'ont pas su distinguer dans l'articulation ce qui constitue la consonne et la voyelle, et affecter à chacune de ces lettres un caractère séparé, susceptible de s'emboîter pour ainsi dire avec un autre, comme dans la voix la consonne s'emboîte sur la voyelle. Ce progrès était réservé à un peuple habitant l'autre extrémité de l'Asie ; c'était à lui tout au moins que devait appartenir la gloire de faire de l'alphabétisme la base même de l'écriture. L'invention de l'alphabet n'a point été, à ce qu'il semble, une création spontanée, comme celle des bonzes japonais dont il vient d'être parlé ; elle fut le produit d'un long travail ou plutôt d'une longue pratique graphique, qui eut l'Égypte pour théâtre et où le peuple de Chanaan alla chercher les éléments qu'il devait mettre en œuvre.

II

Les Mexicains, les Chinois, les Assyriens, se sont arrêtés à divers étages du phonétisme ; ils ne se sont point élevés au-dessus de l'idée d'une image de la syllabe. Les Égyptiens étaient arrivés au même point, et cela dès la plus haute antiquité ; mais bien anciennement aussi ils avaient fait un pas en avant et conçu la notion de lettres représentant non-seulement la voyelle, mais encore la consonne, abstraction faite du son vocal qui permet d'articuler celle-ci plus clairement, et lui sert, comme disent les grammairiens, de *motion*. La nature même de la langue égyptienne put conduire ceux qui la parlaient à cette dissection de la syllabe. L'idiome répandu sur les bords du Nil, et dont le copte est la dernière transformation, avait cela de commun avec les langues sémitiques, que les voyelles n'y offraient pas la plénitude et la sonorité qu'elles ont dans nos langues européennes ; elles affectaient un son sourd qui se prêtait plus facilement à des changements dans leur prononciation, variable suivant le rôle

grammatical du mot, le nombre, le temps, etc. ;
bref, elles étaient ce qu'on appelle vagues. Une
telle prononciation dut, dans la lecture des
signes syllabiques, atténuer l'importance de la
voyelle et faire insister davantage sur
l'articulation de la consonne. C'est donc celle-
ci que tendit de plus en plus à exprimer le
caractère phonétique, qui peignait d'abord la
syllabe, et à la fin, pour beaucoup de caractères,
le signe ne répondit plus en réalité qu'à la
consonne, tandis que, dans les caractères
représentant une syllabe formée uniquement
d'une voyelle ou d'une diphthongue, on arrivait
à avoir des signes représentatifs de voyelles.
Ces deux genres d'images du son fournissaient
tous les éléments de l'alphabet ; de véritables
lettres s'étaient dégagées par voie de réduction,
d'élimination, de ce vaste appareil
idéographique qu'on nomme les hiéroglyphes
égyptiens. Les signes avaient passé de l'état de
figures à l'état d'idéogrammes, de celui
d'idéogrammes à celui de syllabes ; ils en
étaient venus à exprimer l'articulation initiale
de la syllabe, soit voyelle, soit consonne. Alors

se produisit le phénomène dont j'ai parlé à propos de l'écriture japonaise : plusieurs signes répondirent à la même lettre parce qu'ils procédaient de mots commençant par la même articulation.

L'écriture égyptienne se peupla donc d'une foule de caractères homophones dont l'emploi voilait, pour ainsi parler, l'alphabétisme ; mais le principe de celui-ci n'en avait pas moins été découvert. Il fut appliqué sur les bords du Nil dès la plus haute antiquité concurremment avec le procédé idéographique. Les Phéniciens séparèrent les deux méthodes, rejetant l'une et adoptant l'autre. Les anciens s'accordent en effet à leur, faire honneur de l'invention de l'alphabet ; toutefois plusieurs auteurs, tels que Platon, Diodore de Sicile, Plutarque, Tacite, ajoutent que ce peuple la tira de l'Égypte. Les travaux des égyptologues ont pleinement confirmé le fait, et dans un mémoire remarquable M. Emmanuel de Rougé établit l'origine égyptienne de l'alphabet phénicien. Il en retrouva le prototype dans les caractères alphabétiques de l'écriture hiératique usitée au temps de l'ancien empire, plus de deux mille ans avant notre ère, notamment dans ceux du *papyrus Prisse*. Sur les vingt-deux lettres de l'alphabet phénicien, une douzaine environ se reconnaissent pour des imitations légèrement altérées des anciens signes hiératiques correspondant aux mêmes articulations. Peut-être pour d'autres caractères phéniciens les prototypes sont-ils fournis par les caractères hiéroglyphiques mêmes. Quoi qu'il en soit, les Chananéens étaient voisins de la terre des pharaons, où ils s'établirent plus d'une fois ; ils ont dû emprunter à l'écriture égyptienne, et cela dès une époque fort antérieure à l'invasion des pasteurs, les caractères dont ils firent usage pour rendre les sons. Ils n'eurent pas les mêmes raisons que les Egyptiens de respecter la valeur idéographique de ces antiques idéogrammes, et ils prirent simplement ceux qui pouvaient peindre les articulations de leur propre idiome, imaginant quelques nouveaux signes pour représenter les sons que la langue égyptienne ne possédait pas. L'alphabet ainsi constitué fut rangé dans un certain ordre dont l'origine nous est inconnue, mais qui date certainement de bien des siècles avant notre ère, car cet ordre se retrouve dans l'alphabet grec ; il est conséquemment antérieur à l'introduction des lettres en Grèce. Non-seulement l'ordre et les noms des lettres phéniciennes que l'hébreu nous a conservés ne se retrouvent pas en Égypte, mais ils sont en désaccord avec la signification idéographique primitive des caractères. Les noms sémitiques des lettres, *aleph, beth, ghimel, daleth*, etc., ont un sens en phénicien et en hébreu qui ne répond nullement aux figures que rappelaient les signes hiératiques. Ainsi la première lettre de l'alphabet phénicien, dont est dérivé l'*A* des Grecs et des Latins, n'est que l'altération du signe représentant un aigle dans le système hiéroglyphique ; or ce nom d'*aleph*, qui est devenu *alpha* en grec, veut dire *bœuf* en hébreu. Évidemment les Phéniciens n'ont pu attribuer de pareils noms à leurs caractères que lorsqu'ils avaient oublié la signification des figures empruntées par eux à l'Égypte, Il devait donc s'être écoulé un assez grand laps de temps entre l'invention première et l'adoption de ces dénominations, déjà elles-mêmes fort anciennes, ce qui confirme la haute antiquité de l'alphabet phénicien.

Tous les alphabets modernes, sauf peut-être celui dont se servent les Coréens, qui ont tiré le leur des caractères chinois, mais encore sous l'influence de la connaissance d'un système alphabétique dérivé du phénicien, procèdent de la création chananéenne. Les recherches poursuivies depuis plus d'un demi-siècle sur l'histoire de l'alphabet ont établi que l'alphabet phénicien est l'ancêtre de tous ceux qui existent en Europe et en Asie. Il s'est échappé de la source première de cette grande conception divers courants qui se sont avancés en différentes directions et ont constitué des embranchements multipliés. Des modifications graduellement apportées à la configuration des caractères, l'addition de nouveaux signes destinés à représenter des articulations que l'alphabet-type ne traduisait pas, ont donné naissance à une foule d'alphabets particuliers. Les Grecs, qui désignaient sous le nom de *lettres phéniciennes* les formes les plus archaïques de leur alphabet et qui en faisaient remonter l'invention à un personnage fabuleux nommé Cadmus, les avaient manifestement reçues de la Phénicie. Le nom même et l'ordre qu'ils attribuaient aux lettres le prouvent ; mais en se l'appropriant, ils assignèrent à certaines de ces lettres une valeur vocale bien plus accusée qu'elle n'était chez les peuples de la Palestine, où en usant de caractères spéciaux pour les lettres on négligeait, comme on le fait encore aujourd'hui en arabe, d'indiquer les voyelles intérieures des mots. La notation graphique n'offrait que la charpente stable et plus arrêtée des consonnes ; la voyelle demeurait donc, dans une certaine mesure, unie à la consonne écrite, bien que le son de cette voyelle pût se modifier dans le mot. Aussi plus tard, quand on eut pris l'habitude de noter la voyelle et que le souvenir de celle qu'il fallait suppléer tendait à se perdre, dut-on recourir à un ensemble de signes placés au-dessus, au-dessous ou au dedans des lettres pour marquer les voyelles. Tel est le système dont on attribue à tort l'invention aux Massorètes, et qui avait été précédé par des systèmes plus simples, mais moins précis, dont l'accentuation de l'arabe et du syriaque peut donner une idée.

Le plus ancien alphabet grec qui nous soit parvenu est celui que fournissent des inscriptions de l'île de Théra, remontant, selon toute apparence, au IXe ou VIIIe siècle avant Jésus-Christ. Les lettres y ont un aspect tout à fait phénicien. Aux siècles suivants, la configuration des caractères se modifia, et la direction adoptée dans le tracé de ces caractères changea totalement. Les Grecs avaient d'abord, à l'instar des Phéniciens, écrit de droite à gauche ; l'habitude où ils étaient d'inscrire à l'entour des figures le nom des personnages, de disposer circulaire ment sur un vase ou quelque autre objet l'inscription qui faisait connaître le nom de l'artiste ou du consécrateur, généralisa l'habitude de ces tracés dits *boustraphédon* et dans lesquels les lignes alternaient de sens, de sorte que, la première ayant été écrite de droite à gauche selon la méthode sémitique, la seconde l'était de gauche à droite. Cette dernière direction finit par prévaloir ; elle est celle qu'avaient adoptée bien antérieurement les Assyriens. Les changements que subirent dans leurs formes les caractères grecs engendrèrent différents alphabets, qui se distinguent à la fois par la physionomie et le nombre des lettres. Les inscriptions de Théra sont écrites avec un alphabet de vingt-trois lettres. M. Kirchhoff, à qui on doit un très intéressant travail sur l'histoire de l'alphabet grec, admet qu'à une époque déjà reculée une division s'opéra dans le mode d'écriture entre les peuples grecs, les uns restant fidèles aux types de l'Orient, et les autres, ceux qui étaient établis à l'Occident, altérant notablement ces formes. De là deux alphabets archaïques : l'alphabet oriental, où l'on compte 26 lettres, et l'alphabet occidental, qui n'en a que 25 ; mais les archéologues reconnaissent plus ordinairement pour la Grèce antique quatre alphabets ayant des formes nettement distinctes, offrant chacun certaines lettres particulières et renfermant un nombre différent de caractères : 1° l'alphabet éolo-dorien, comprenant diverses variétés et où l'on rencontre 28 lettres, 2° l'alphabet attique, qui n'en a que 21, 3° l'alphabet ionien, qui en a 24, et 4° l'alphabet des îles, qui en offre 27. Le premier de ces alphabets, usité dans la Thessalie, la Béotie, l'Eubée et une grande partie du Péloponèse, fut porté en Italie par les colonies helléniques de la Sicile, et de la Campanie ; il y donna naissance :

1) à l'alphabet étrusque, dont des variétés apparaissent dans celui dont firent usage pour leur idiome d'autres populations du centre de l'Italie, les Ombriens, les Osques, les tribus dites sabelliques,

2) à l'alphabet latin, auquel il était réservé de devenir le prototype des alphabets de l'Europe occidentale. Des quatre alphabets grecs, celui des îles eut l'aire la moins étendue ; quant à l'alphabet athénien, il ne resta en usage

en Attique que jusqu'à la fin du Vè siècle avant notre ère. Sous l'archontat d'Euclide, les Athéniens l'abandonnèrent pour l'alphabet ionien de vingt-quatre lettres, et leur exemple fut bientôt suivi par tous les peuples de la Grèce proprement dite, qui ne connurent plus désormais qu'un seul alphabet, celui dont on se sert encore pour écrire le grec. Nous ne savons que peu de choses de l'histoire de l'écriture en Asie-Mineure. Le petit nombre d'inscriptions lyciennes, phrygiennes et cariennes qu'on a recueillies nous offrent des lettres assez distinctes de celles des Hellènes. Les Lyciens notamment faisaient usage de certains caractères étrangers à l'alphabet grec, bien que la forme de la plupart de leurs lettres rappelle beaucoup celui-ci. A en juger par la physionomie extérieure des caractères, les peuples des provinces occidentales de l'Asie-Mineure doivent plutôt avoir reçu des Grecs que des Chananéens le bienfait de l'écriture. Les nations qui parlaient des langues appartenant à la même famille que le phénicien n'eurent point à faire subir à la valeur des caractères primitifs les changements qui étaient indispensables pour l'adapter à certains autres idiomes, car la prononciation se rapprochait chez eux de celle de la Phénicie. On comprend donc que dans les alphabets de la plupart des langues sémitiques le type phénicien se soit moins altéré. Dans tous ces idiomes, les voyelles ayant un caractère vague, il n'a point été nécessaire de les représenter comme chez les Grecs par des lettres empruntées à ce qui n'était chez les Phéniciens que des gutturales douces ou des aspirations ; mais, toutes les langues sémitiques ne comptant pas le même nombre d'articulations, il a fallu pour l'alphabet de plusieurs d'entre elles recourir à des signes nouveaux. Les configurations ne sont pas d'ailleurs demeurées constantes, et chaque alphabet a passé comme l'alphabet phénicien par diverses formes.

La chronologie des monuments écrits dans l'idiome des Phéniciens présente encore quelques obscurités qui ne permettent pas d'établir avec une entière certitude la succession des formes qu'ont traversée les caractères phéniciens. On possède du moins de fort anciens textes de la langue des Chananéens, tels que la grande inscription de Mésa ou Méscha, roi de Moab, celle des poids de bronze en forme de lion trouvés dans les fouilles de Nimroud, celles de Malte, de Nora et de plusieurs pierres gravées, enfin l'inscription du célèbre sarcophage d'Eschmounasar, actuellement au Louvre. Cette dernière présente un type graphique jugé plus moderne par divers épigraphistes, et qui paraît se rattacher à celui des monuments beaucoup plus nombreux et moins anciens découverts tant en Phénicie qu'à Chypre et ailleurs. C'est aussi à l'écriture de ces derniers monuments que se lient les caractères employés dans les légendes des monnaies et des pierres gravées. La stèle de Mésa et les poids de Nimroud nous offrent l'état de l'alphabet sémitique au IXe siècle environ avant notre ère. Il faudrait tout un livre pour dérouler la généalogie des divers alphabets asiatiques qui sont sortis du tronc phénicien soit directement, soit par l'intermédiaire d'autres alphabets, et je dois me borner à indiquer les grandes lignes de cette longue migration graphique. L'alphabet hébreu est incontestablement l'un des premiers qui se soient détachés de cette souche féconde ; mais cet alphabet n'est pas l'hébreu carré dont nos bibles hébraïques nous fournissent le type et sur la date originelle duquel on a beaucoup discuté dans ces derniers temps.

L'hébreu carré se rencontre en Palestine sur des monuments tels que le tombeau dit *de Saint-Jacques* et celui dit *des Rois*, dont la date a été également fort débattue, mais qui sont généralement regardés comme appartenant au Ier siècle de notre ère. Les Juifs désignent cette écriture sous le nom d'*assyrienne*, parce que le peuple d'Israël l'avait, dit-on, apportée des bords de l'Euphrate au retour de la captivité. La tradition talmudique s'accorde avec le témoignage de plusieurs pères de l'église pour la représenter comme ayant été introduite en Palestine par Esdras. Il est certain que l'hébreu carré n'appartient pas à la même branche que l'écriture primitive des Juifs ; il se rattache à un rameau qui poussa de bien plus nombreux rejetons, le rameau araméen ou syrien, dont j'indiquerai plus loin la postérité. L'écriture hébraïque primitive, on en retrouve les formes, bien que légèrement altérées, sur les monnaies juives datant de la dynastie asmonéenne. Grâce à des monuments découverts en Assyrie et à Chypre, à des pierres gravées portant d'anciens caractères phéniciens, on a pu remonter au plus ancien type des lettres dans cette partie de l'Asie, ce qui a permis de saisir le lien existant entre la première écriture des Israélites et les vieux caractères phéniciens. L'alphabet hébreu primitif reproduit la physionomie générale de ces caractères. Seulement les traits se sont arrondis et simplifiés ; les hastes ou jambages dépassant supérieurement le corps de la lettre, propres au phénicien archaïque, s'y recourbent et s'y infléchissent. Cette vieille écriture juive, dont les formes se sont conservées à de légères altérations près dans l'alphabet employé par les Samaritains, rentre dans la catégorie des écritures dites *onciales*. Elle était manifestement destinée à être tracée avec le roseau sur le papyrus ou sur les peaux que l'on préparait pour écrire, tandis que les caractères phéniciens archaïques que nous connaissons semblent plutôt conçus pour être gravés sur des stèles. Cela ne veut pas dire que les marchands chananéens n'aient point fait usage, dès le principe, d'une écriture cursive dont leurs habitudes mercantiles durent assurément éprouver le besoin ; mais les monuments de cette écriture ne nous sont pas parvenus., Tous les autres alphabets qu'on peut qualifier de sémitiques, aussi bien que ceux de diverses langues auxquelles cette épithète ne saurait convenir, sont nés d'une branche différente qui bourgeonna de bonne heure sur la souche primitive ; c'est la branche araméenne, qui, une fois implantée dans des pays tels que l'Assyrie, la Babylonie, que leur situation centrale mettait en rapport avec une foule de peuples, se propagea rapidement. Elle projeta des rameaux dans toutes les directions. L'écriture araméenne était déjà constituée au VIIe siècle avant notre ère. Les plus anciennes formes nous en sont fournies par des monuments découverts en Assyrie, des suscriptions qui se lisent dans des contrats écrits sur des terres cuites en caractères cunéiformes, sur des briques, des gemmes, des intailles, des monnaies.

Il suffit de comparer les plus anciennes lettres araméennes au vieil alphabet phénicien pour se convaincre qu'elles s'en sont dérivées à l'époque où cet alphabet commençait à passer à un second type ; mais les caractères araméens eux-mêmes se modifièrent graduellement, comme le prouvent des monnaies de Cilicie, de Cappadoce, d'Hiérapolis de Syrie et diverses inscriptions ; il en résulta une écriture que l'on a appelée l'*araméen secondaire*, et cette écriture sur les papyrus subit une autre modification qui se retrouve dans certaines inscriptions. C'est pendant cette seconde phase de l'écriture araméenne que se manifeste pour la première fois une tendance à laquelle se reconnaissent la plupart des écritures nées des dérivations postérieures, la tendance à lier les lettres entre elles. « Cette disposition, remarque

M. François Lenormant, tient à la nature essentiellement cursive de l'écriture, et, avant de devenir une règle d'enjolivements calligraphiques, elle est d'abord le résultat de la facilité avec laquelle le pinceau ou le calame, glissant sur le papyrus, passe sans que le scribe ait besoin de s'y reprendre à chaque fois du tracé d'une lettre à celui d'une autre. » La troisième phase de l'alphabet araméen nous est offerte par un alphabet à traits épais et carrés que l'on trouve employé sur les monuments de Palmyre. De là le nom de *palmyrénien* qui lui a été donné. Comparé à l'araméen précédent, cet alphabet s'en distingue surtout par certaines fioritures, certaines formes finales. Les monnaies de la ville de Sidé en Pamphylie nous présentent encore une autre variété d'alphabet qui doit être rattachée au type araméen par le palmyrénien, et qui prend la tête d'un ensemble de générations ayant pour ancêtre l'araméen sous sa troisième manière. A cette postérité appartient l'alphabet auranitique, que nous fournissent des inscriptions découvertes dans le Haouran par deux savants voyageurs, devenus aujourd'hui deux hommes politiques distingués, M. H. Waddington et M. le comte Melchior de Vogüé. L'une de ces inscriptions, celle du tombeau de Souéideh, où la traduction grecque accompagne le texte, doit être rapportée, si l'on en juge par le style, à l'époque d'Hérode le Grand. Elle a donné la clé de l'alphabet, qui n'est qu'une dégénérescence du palmyrénien. Dans la même catégorie que l'auranitique se classent l'alphabet sabien et l'alphabet estranghelo, le plus ancien de ceux qu'offrent les manuscrits syriaques. L'auranitique engendra le nabatéen, dont les caractères ont servi à composer les nombreuses inscriptions découvertes au Sinaï, et c'est de cet alphabet nabatéen que paraît être sorti l'alphabet arabe, dont il existe deux variétés : l'une, encore aujourd'hui en usage dans les manuscrits, est dite *neskhy* ou *écriture des copistes*, l'autre se nomme *koufy*, d'une ville de l'Irak appelée Koufa, où, suivant la tradition, on commença à s'en servir. Sous la forme lapidaire, où les traits affectent plus de raideur et se terminent par une espèce de crochet, le koufique a été utilisé dès les premiers siècles de l'hégire à la décoration des mosaïques, à celle des mosquées et des palais. Par l'agencement, les lettres koufiques constituent de véritables dessins, des figures de mille sortes, ce que nous appelons des arabesques, du nom même du peuple qui en a fait usage. On distingue en Orient divers genres de neskhy plus ou moins élégants. L'écriture arabe a dû aux progrès de l'islamisme une grande force d'expansion. Tandis que le koufique enfantait au nord de l'Afrique le *maghreby*, le neskhy donnait naissance à l'écriture des Persans, qui ont ajouté certaines lettres à l'alphabet arabe afin de rendre des sons, tels que le *p*, le *g*, que la langue arabe n'a pas, et à l'écriture dont font usage les Madécasses de Madagascar convertis à l'islamisme. L'écriture persane a engendré à son tour l'écriture turque et celle de l'ourdou, l'idiome des musulmans de l'Hindoustan, où des modifications furent introduites pour rendre moins imparfaitement la vocalisation propre aux langues auxquelles cet alphabet était appliqué. De son côté, le vieil *estranghelo*, après avoir passé par différentes formes, poussait deux rejetons. Il engendrait l'alphabet syriaque proprement dit ou *peschito*, et, porté aux populations tartares, auxquelles il communiquait la science de l'écriture, il donnait naissance chez les Ouigours ou Turcs occidentaux à un alphabet particulier qui fut longtemps ignoré des Européens, et que l'on ne connaît que par un fort petit nombre de manuscrits et quelques monnaies. C'étaient des missionnaires nestoriens qui en avaient doté les Ouigours. Ces apôtres de la foi chrétienne, qui s'avançaient jusque dans la Chine aux VIIe et VIIIe siècles de notre ère, firent pénétrer au cœur de l'Asie les lumières de l'Évangile. La notion que reçurent ces contrées de l'alphabet syrien est attestée par la fameuse inscription syro-chinoise de Si-'ngan-fou, dont l'authenticité, longtemps contestée, a été définitivement établie par M. G. Pauthier. On a vu que les Tartares se servaient antérieurement des *khé-mou* ou bâtonnets entaillés.

Les Ouigours, dont l'écriture ne fit subir à celle des nestoriens que des modifications peu prononcées, changèrent toutefois la direction du tracé des caractères. Les Syriens écrivaient l'*estranghelo*, comme on écrivit le *peschito*, de droite à gauche selon l'usage sémitique ; les Tartares préférèrent la disposition verticale, qui est celle de l'écriture chinoise. Telle est la manière dont est écrite l'inscription de Si-'ngan-fou. De l'écriture ouigoure sont sorties les écritures mongole, kalmouke et mandchoue. L'alphabet d'origine araméenne est donc celui qui a valu à l'Asie centrale le bienfait de l'écriture. Cet alphabet, en pénétrant dans les contrées où l'on continuait à se servir, pour écrire sur le rocher ou la brique, du système cunéiforme, devint l'écriture cursive des habitants, et donna naissance à une écriture nouvelle qui finit par déposséder complètement l'antique cunéiforme. C'est l'écriture *pehlevi*, ainsi appelée du nom de la langue à laquelle elle fut adaptée, langue qui prédominait à la cour des rois parthes arsacides. L'écriture pehlevi continua à être employée en Assyrie et en Perse durant plusieurs siècles ; elle survécut même à la chute des Sassanides, car on la trouve encore usitée sous les premiers califes et sous les régents ou ispehabeds du Tabéristan.

Les formes de l'alphabet pehlevi, dont Silvestre de Sacy a établi l'origine araméenne, ont varié suivant les époques ; elles ne sont pas les mêmes dans les inscriptions et sur les monnaies sassanides, on en retrouve un autre type dans les manuscrits. De l'alphabet pehlevi est dérivé, selon toute apparence, l'alphabet zend, à l'aide duquel sont écrits plusieurs des livres de Zoroastre, que conservent les parsis. Il avait remplacé, ainsi que le pehlevi, une écriture qui prévalut chez les Perses au temps de la dynastie des Achéménides et qu'on voit employée dans les inscriptions de Persépolis d'Hamadan et sur l'une des trois colonnes de la célèbre inscription trilingue de Bisoutoun ; c'est celle dont on doit le déchiffrement aux recherches d'E. Burnouf, de H. Rawlinson, de J. Oppert et d'autres orientalistes ; elle est alphabétique, bien que les caractères en soient composés à l'aide d'éléments cunéiformes. Peut-être a-t-elle pris naissance sous l'influence de l'écriture araméenne de l'Assyrie, mais son alphabétisme garde encore des traces du syllabisme anarien et même de l'usage des idéogrammes. Cette écriture, née dans la Susiane, disparut après la chute des Achéménides, et l'influence des conquêtes d'Alexandre fit pénétrer jusqu'aux bords de l'Euphrate l'alphabet grec en même temps que la langue hellénique devenait la langue officielle de l'empire des Séleucides. Quant à l'antique cunéiforme assyrien, dépositaire de la science chaldéenne, il résista plus longtemps, et il était encore parfois appliqué à l'époque des Arsacides. Les conquêtes de l'islam durent en amener le complet anéantissement. Il ne laissa d'autre souvenir à Mossoul que celui d'une écriture où chaque caractère pouvait avoir plusieurs sens différents. Les populations musulmanes le tinrent, dans leur ignorance, pour un assemblage de signes magiques, tandis qu'en Perse les inscriptions persépolitaines passaient pour l'œuvre des héros fabuleux du pays de Djemschid ou de Féridoun. Si l'alphabet zend vécut peu, il eut en revanche une lignée qui a fait preuve de plus de longévité, car cet alphabet paraît avoir donné naissance à celui qui remplaça en Arménie le système cunéiforme particulier dont nous trouvons quelques monuments. Au commencement du Ve siècle de notre ère, un prélat arménien nommé Mesrob, en prenant pour modèles les lettres zend, inventa, si l'on en croit la tradition, les alphabets arménien et géorgien.

Ce n'est pas seulement au nord et à l'est de la Syrie que l'alphabet phénicien rayonna pour appeler à la vie une quantité d'écritures ; il se propagea encore au sud, en Arabie, où se forma un alphabet d'une physionomie particulière qui devait faire souche à son tour et laisser une puissante postérité. Cet alphabet est l'himyaritique, que nous ont fait connaître de nombreuses inscriptions dont l'interprétation exerce depuis plus d'un quart de siècle la sagacité des philologues. La langue à laquelle elles appartiennent, bien que sémitique, est assez différente de l'arabe, qui l'a aujourd'hui remplacée ; elle se rapproche par certains points de l'hébreu, et des vestiges semblent s'en être conservés dans le dialecte ehkili. L'écriture himyaritique est, selon toute apparence, celle que les historiens arabes mentionnent sous le nom de *musnad*. Nous ignorons à quelle date il faut rapporter l'institution de cet alphabet, certainement antérieur à l'islamisme, et dont la forme archaïque paraît remonter à une époque très reculée, a Peut-être, écrit M. E. Renan dans son *Histoire générale des langues sémitiques*, la tradition du séjour des Phéniciens en Arabie, sur les bords de la Mer-Rouge, trouverait-elle en ceci sa confirmation. » Espérons que les études comparatives auxquelles ne manquera pas de donner lieu le *corpus* d'inscriptions sémitiques que prépare l'Académie des inscriptions, et qui a déjà provoqué d'importantes découvertes, éclaireront un jour ce problème. L'alphabet himyaritique usité dans l'Yémen s'éloigne déjà notablement de son prototype phénicien ; mais ses dérivés s'en écartent encore davantage, car de l'alphabet himyaritique est sorti l'alphabet *ghez* ou éthiopien, plus riche en lettres que son père ; la voyelle s'y joint à la consonne sous forme d'un signe particulier ou est indiquée par la modification légère qu'éprouve la configuration de la consonne même ; de sorte que l'alphabet éthiopien garde le caractère d'un véritable syllabaire. Quand la langue amharique prit en Abyssinie la place du Vieil éthiopien, il en adopta l'alphabet en y ajoutant sept lettres nouvelles pour exprimer des articulations qui lui étaient propres. Par quel intermédiaire l'antique alphabet de l'Yémen, qui fournissait à l'Ethiopie son écriture, où les lettres se disposèrent comme chez les Grecs, de gauche à droite, fut-il porté à l'extrémité de l'Afrique septentrionale, en Libye et jusqu'en Numidie ? Nous l'ignorons. Tout ce qu'on a pu constater, c'est une parenté entre les lettres himyaritiques et celles de l'écriture dite *tifinag*, dont on a trouvé des monuments en Algérie et au pays des Touareg. Le déchiffrement de ces inscriptions exerce encore la sagacité des érudits. Ce fut là en tout cas un rejeton stérile, car l'invasion de l'alphabet arabe frappa de mort le *tifinag*.

On ne sait pas non plus d'une manière précise comment l'alphabet himyaritique alla s'implanter dans l'Hindoustan septentrional. L'écriture magâdhi, que nous connaissons par d'antiques inscriptions encore subsistantes au nord de la presqu'île gangétique, a été reconnue dans ces derniers temps pour un dérivé de la vieille écriture de l'Yémen ; ces caractères, qui doivent leur nom à la province de Magâdha, dont les rois étendirent, au IVe siècle avant notre ère, leur puissance au nord de l'Inde, affectent dans leur forme quelque chose de raide et de lourd qui nous reporte tout à fait à l'himyaritique. Ils sont au nombre de trente-six et se lisent de gauche à droite. L'écriture magâdhi est la souche de tous les systèmes graphiques employés postérieurement dans l'Inde ; ceux qui en sont issus par voie de modifications peuvent se diviser en deux groupes principaux. Le premier affecte des formes carrées ou rondes et ayant plus de largeur que de hauteur ; tels sont l'alphabet tamoul et l'alphabet birman. Le second présente des caractères où la hauteur l'emporte sur la largeur. C'est à ce second groupe qu'appartient l'écriture dévanâgari, autrement dite l'*écriture divine des villes* ; c'est celle par excellence des livres sanscrits. Elle ne date guère, au moins sous sa forme régulière actuelle, que du VIIe au Xe siècle de notre ère ; elle est élégante et nette, toutes les lettres étant surmontées d'une barre horizontale qui les encadre et permet de les aligner exactement par le haut. On dirait que les lettres sont disposées sur une portée de musique ; mais il en existe une forme plus cursive où la barre horizontale a disparu et dont le tracé est moins élégant. L'alphabet dévanâgari a été distribué par les grammairiens hindous par catégories de lettres, suivant leur prononciation, de façon à fournir toute une échelle vocale. Le dévanâgari comme le magâdhi, comme le persépolitain, offre une dernière trace du syllabisme primitif, l'*a* bref se prononçant avec toute consonne simple qui ne se lie pas directement à une autre voyelle.

Je n'énumérerai pas ici tous les alphabets qui sont sortis immédiatement ou médiatement du magâdhi, il me faudrait dresser une trop longue généalogie ; cette lignée s'est avancée jusqu'à Macassar. L'alphabet serait remonté peut-être jusqu'au Japon, s'il n'avait été arrêté en Cochinchine par l'écriture chinoise dont les Annamites faisaient usage et qui se dressa devant lui comme une autre muraille de la Chine. Le flot de l'invasion alphabétique vint mourir là ; plus tard le même vent devait pousser un second flot parti du même rivage, mais dont la nappe ne s'étendit pas sur un si vaste espace. L'islamisme apporta avec lui l'écriture arabe, qui s'introduisit ainsi dans l'Hindoustan et s'empara ensuite de l'idiome malais. A l'occident de l'Europe, un autre courant, dont nous suivons mai la direction dans les profondeurs chronologiques où il s'est opéré, transporta jusqu'en Ibérie l'alphabet phénicien, y donna naissance à une écriture spéciale que nous connaissons par les monnaies et les inscriptions, et qui dota ainsi l'Espagne de ses premiers monuments écrits. C'était là sans doute le résultat des colonies phéniciennes et carthaginoises ; se sont-elles avancées plus loin, et, ne se bornant pas à s'aventurer dans l'Océan pour aller chercher l'étain aux îles Cassitérides, ces deux peuples congénères ont-ils porté en de lointains parages la merveilleuse invention de l'écriture ? Il est certain que les runes, représentées par la tradition des peuples du nord comme une révélation d'Odin et qui étaient en usage chez les Germains et dans la Scandinavie avant l'introduction du christianisme, présentent certains caractères qui rappellent plusieurs lettres phéniciennes du type sidonien. Peut-être ces analogies ne sont-elles que trompeuses. Quoi qu'il en soit, les runes dites allemandes, mentionnées déjà au VIe siècle par le poète Fortunat et que l'on traçait sur des planchettes ou sur l'écorce des arbres, trouvent leurs prototypes dans les runes Scandinaves, qui n'étaient peut-être à l'origine que des signes purement magiques, tout au moins de simples dessins commémoratifs. Il en faut dire autant des anciens caractères oghamiques de l'Irlande, dont au moyen âge on attribua l'invention à un prétendu Ogma, fils d'Élathan. Ces caractères oghamiques se sont transformés en un alphabet dont l'origine latine est difficilement méconnaissable, quoique l'ordre de ces lettres ne soit pas celui de l'alphabet latin. Les Anglo-Saxons, auxquels les Irlandais demandèrent plus tard leur alphabet, avaient aussi des runes, qui procèdent des runes Scandinaves, et dont les formes associées aux lettres latines ont fourni les élémens de l'alphabet anglo-saxon. Il y a donc eu au nord de l'Europe entre des branches diverses de la souche graphique des espèces d'anastomoses. C'est ainsi qu'en combinant les runes germaniques avec les lettres grecques, Ulphilas, évêque des Goths de Mœsie, dans la seconde moitié du IVe siècle, formait l'alphabet dit *mœsso-gothique,* qu'on trouve employé dans le fameux *codex Argenteus,* contenant la version des quatre Évangiles en langue gothique. Les Vindes ou Slaves septentrionaux avaient également des runes qu'ils tenaient sans doute des Scandinaves, et il n'est point impossible que quelques-uns de ces signes aient fourni à l'apôtre des Slaves, Cyrille, les lettres qu'il ajouta aux caractères grecs pour composer l'alphabet qui a pris son nom et qui date du IXe siècle. Tous les Slaves du rite grec adoptèrent l'alphabet cyrillien, dont de nombreux manuscrits nous ont conservé la configuration primitive ; les alphabets russe et serbe n'en sont que des modifications. Vers le XIIe siècle, les Slaves de la Dalmatie qui suivaient la liturgie latine reçurent d'un de leurs prêtres un autre alphabet imité en partie des lettres cyrilliennes et en partie des lettres latines. On a voulu en faire remonter l'origine jusqu'à saint Jérôme. Cet alphabet est connu sous le nom de *bukvitzien* ou *glagolitique* de l'appellation que reçoivent dans l'alphabet slave les lettres B et G. Les formes de cet alphabet s'éloignent assez sensiblement des figures cyrilliennes, la disposition rectangulaire ou circulaire y est plus habituelle : aussi saisit-on moins au premier coup d'œil l'origine grecque de plusieurs de ces lettres.

Tel est, rapidement esquissé, l'ensemble des écritures ayant pour ancêtre commun l'alphabet qu'avaient imaginé les Phéniciens sous l'influence de l'Égypte. Ces alphabets constituent comme une suite de générations qui se répartissent par familles, par branches et par rameaux, qui, s'étant détachés à des hauteurs différentes d'une même souche, ont projeté sur des espaces plus ou moins étendus leur feuillage destiné non à empêcher la lumière de pénétrer, mais à en assurer la diffusion.

III

Les alphabets que nous venons de passer en revue ne diffèrent pas seulement, comparés les uns aux autres, par la nature et le nombre des lettres ? on voit encore varier pour un même alphabet la configuration des caractères selon les époques et le genre d'écrits auxquels ils sont appliqués. Chaque alphabet a eu son histoire et a passé par des transformations ici légères, là fortement accusées. Les lettres ont eu les destinées les plus diverses, l'existence de ces signes s'étant trouvée liée aux habitudes des scribes et aux procédés employés pour le tracé. Tandis que certains alphabets n'ont fourni qu'une courte carrière, d'autres ont duré pendant des siècles, ont opéré d'incessantes conquêtes, car la nation qui exerçait sur ses voisines la prépondérance intellectuelle imposait sa langue et sa littérature et en même temps son écriture. Aussi peut-on dire avec quelque vérité que le degré d'extension d'un système graphique est proportionnel à la puissance du peuple auquel il appartient. Les religions ont été aussi de grands moyens de propagation graphique ; en répandant leur enseignement, elles ont répandu l'écriture de leurs livres. De même que la prépondérance d'une nation ou d'une religion a fait place à celle d'une autre, tel mode d'écriture d'abord fort usité a été dépossédé par un mode différent qu'apportait un peuple conquérant ou un culte nouveau. Ainsi ce sont les établissements phocéens dans la Gaule qui y ont fait pénétrer la connaissance et l'usage des caractères grecs que devait plus tard supplanter l'alphabet latin, apporté par les Romains. Les Grecs dépossédèrent sur les bords du Nil l'antique écriture sacrée quand la prédication de l'Évangile eut fait proscrire les hiéroglyphes, si profondément empreints du vieux paganisme pharaonique. Ce qui devait arriver pour les Slaves convertis par Cyrille et Méthodius se produisit pour les Égyptiens éclairés des lumières de l'Évangile. L'alphabet grec, augmenté de quelques lettres fournies par l'écriture hiératique, remplaça les hiéroglyphes, et désormais les livres ne furent plus écrits que dans cet alphabet que nous appelons l'alphabet copte. De même qu'il n'est aucune nation de l'antiquité qui ait étendu plus loin ses conquêtes que les Romains, il n'est aucun alphabet dont la propagation ait été plus grande que l'alphabet latin. Il pénétra partout où les apôtres de la foi catholique allaient porter la liturgie latine, se faisant ainsi accepter par des peuples d'idiomes d'une tout autre famille que le latin ; mais, si l'empire de cet alphabet fut vaste, il fut aussi le plus exposé à des variations suivant les pays et suivant les âges, en sorte qu'il finit, tout en gardant la même composition, par se partager en une foule de tracés qui constituèrent des variétés graphiques particulières. Les lettres latines furent donc, comme les œuvres littéraires des Romains, plutôt des modèles qu'on imita de loin que des types qu'on reproduisit servilement. L'ignorance des uns, le caprice des autres, des convenances particulières, des prédilections locales, modifièrent peu à peu la forme des lettres et la manière de les unir. L'écriture prit graduellement dans chaque contrée principale une physionomie originale, et qui donna naissance, quand se multiplièrent les monuments des langues nationales, à des configurations tout à fait distinctes. L'alphabet latin a passé par des transformations presque aussi nombreuses que celles que traverse le vieil alphabet phénicien pour arriver aux belles capitales qu'on trouve gravées sur les édifices du règne d'Auguste.

La connaissance de l'histoire de cette écriture est l'objet d'une science spéciale qu'on nomme la paléographie ; chaque pays a la sienne, et en France, grâce aux travaux des bénédictins, complétés par ceux de plusieurs érudits contemporains, par ceux surtout qui fondèrent ou qui ont continué l'enseignement de l'École des chartes, la paléographie, comme sa sœur la diplomatique, est devenue une connaissance des plus sûres et des plus positives ; elle rend à l'histoire d'inappréciables services. La succession des formes, je serais tenté de dire des modes qu'on a adoptées pour les lettres est elle-même une histoire des plus intéressantes qu'on peut lire dans des traités tels que ceux de MM. Natalis de Wailly, W. Wattenbach, C. Lupi. Le musée des Archives nationales offre au public une curieuse collection de documents de tout genre s'étendant du VIIe siècle jusqu'au commencement du nôtre, et qui donne une idée complète des innombrables transformations de l'écriture latine. Une telle variété dans le tracé rend difficile une classification quelque peu rigoureuse, d'autant plus que dans ces métamorphoses l'homme a procédé comme la nature, non par changements brusques, mais par modifications insensibles. On peut cependant distinguer trois grandes époques, et dans chacune un certain nombre de nuances. La première époque s'étend de l'établissement des barbares au XIIIe siècle ; la seconde va du XIIIe au commencement du XVIe ; la troisième arrive jusqu'à nos jours.

Pour les deux premières, les dimensions et la forme des lettres nous fournissent trois classes assez nettement définies : les majuscules, usitées dans les inscriptions, sur les monnaies, pour certains titres, certaines initiales, — les minuscules, généralement employées pour les œuvres littéraires, et les cursives, adoptées pour les actes ; toutefois on reconnaît plusieurs variétés de chacune de ces espèces d'écritures. Durant la première période du moyen âge, l'écriture capitale, héritière directe de l'ancien alphabet latin, n'a plus ces formes majestueuses et régulières que nous admirons au fronton des temples, au socle des statues, sur les bornes milliaires élevées par les Romains aux premiers siècles de l'empire. Les capitales ont perdu beaucoup de leur élégance ; elles finissent par n'être plus que maladroitement dessinées et par constituer ce qu'on a appelé les *capitales rustiques*. Dans les manuscrits surtout, on préféra des caractères dont le tracé exigeât moins de soin et de sûreté de main, dont les traits affectassent moins de légèreté et de souplesse ; les scribes adoptèrent des majuscules d'une forme plus lourde qui n'était pour ainsi dire qu'une sorte de cursive dont on avait forcé les dimensions, grossi les caractères, au point de leur (donner un pouce de longueur, ou, comme disaient les Romains, une once (*uncia*), car l'once était la douzième partie de leur pied ; de là le nom d'*écriture onciale* imposé à cette sorte de majuscules qui n'a pourtant pas toujours, à beaucoup près, une once de haut. Comme c'était particulièrement le tracé des lignes droites, la régularité des angles qui demandaient dans la capitale du temps et de l'adresse, on arrondit dans l'onciale les lignes ; les hastes et les jambages se recourbèrent, on allongea souvent les queues. L'onciale fut, comme l'appelle judicieusement Schönemann, la cursive de la capitale. Les anciens Romains avaient employé pour l'usage journalier des caractères plus faciles à tracer et moins détachés les uns des autres que ne le sont les lettres capitales ; ce type cursif s'était modifié graduellement sous l'influence de diverses causes entre lesquelles il faut mentionner la substitution de la plume d'oie, de grue ou d'autre oiseau au calame ou roseau dont on s'était jusqu'alors servi de préférence, substitution qui s'opéra du Ve au VIIe siècle.

Les barbares reçurent la cursive romaine sous sa dernière forme, mais celle-ci ne pouvait manquer de subir chez eux de nouvelles altérations, car c'est le propre des écritures cursives d'être exposées à dévier davantage du type dont elles procèdent. Plus on voulait tracer rapidement les caractères, plus on était amené à multiplier les ligatures afin d'avoir de moins en moins à lever la main. Aussi dans la cursive que nous offre la première période du moyen âge voit-on les lettres s'enlacer souvent l'une avec l'autre au point qu'on ne peut plus guère les distinguer. La netteté, les formes arrêtées que présente l'onciale ont disparu, et la cursive mérovingienne ne nous offre parfois qu'un étrange griffonnage, dont les lettres crochues et contournées ne remédient pas par leurs fortes dimensions à l'obscurité qui résulte de leur déformation. C'est bien autre chose dans l'espèce de tachygraphie employée souvent dans les diplômes mérovingiens et carolingiens par les référendaires, les notes tironiennes, ainsi appelées parce qu'on en faisait remonter l'invention à un affranchi de Cicéron, Tullius

Tiron. On recourait à cette sténographie pour protéger les actes contre l'habileté des faussaires. L'écriture dite minuscule, intermédiaire entre la majuscule et la cursive, est née de celle-ci, à laquelle elle a emprunté plusieurs de ses formes et de ses traits, tout en suivant encore les procédés de la majuscule. Les lettres y sont plus arrondies que dans l'onciale et de moindre dimension ; on y vise surtout à gagner de l'espace, à abréger le tracé en le rendant plus rapide ; on supprime des panses, des traverses, parfois de simples traits se substituent à des lignes plus accusées, les barres et les queues se recourbent ; mais, tout en simplifiant dans cette minuscule les formes de l'onciale, on en garde sans changements les caractères les moins compliqués. Cette façon de procéder n'exclut pas une certaine élégance, même ce qu'on pourrait des fantaisies ou des fioritures qui s'observent surtout dans l'espèce de minuscule dite *diplomatique*, dont l'apparition date du XIe siècle. Là les hastes et les queues se prolongent souvent si démesurément qu'on dirait que le scribe n'a pu arrêter l'élan de sa main. Cette minuscule diplomatique, qui emprunte à la cursive plusieurs de ses lettres, finit au déclin de la première époque par la remplacer presque complètement. On voit aussi employée antérieurement une autre écriture où les hastes acquièrent des dimensions encore plus exagérées. C'est la *demi-onciale* ou écriture mixte, dont les lettres appartiennent tantôt à la majuscule, tantôt à la minuscule ; elle disparaît des diplômes au IXe siècle.

Les modifications graduelles que l'écriture subit dans les derniers siècles de la première époque, en s'accumulant pour ainsi parler, aboutirent à un style graphique véritablement nouveau, l'écriture qu'on a fort improprement appelée *gothique*, que quelques-uns nomment *ludovicienne* parce qu'elle date surtout de l'époque de saint Louis, et pour laquelle on a proposé assez heureusement l'épithète de *scolastique*. Les formes qu'elle fit prévaloir opérèrent une véritable révolution dans le tracé graphique. L'Italie abandonna son écriture dite *lombardique*, qui a été usitée jusqu'au commencement du XIIIe siècle, pour cette nouvelle mode dont elle ne se dégoûta qu'au XVe, laissant encore la cour de Rome y recourir souvent pour la transcription de ses brefs. Vers la même époque, l'Espagne en agissait de même à l'égard de son écriture *visigothique*, dont une des formes persista jusqu'à la fin du XVIe siècle. On peut distinguer dans l'écriture gothique les mêmes quatre variétés que j'ai signalées à la période précédente : la majuscule, la minuscule, la cursive et la mixte ; mais il y a des subdivisions essentielles à établir suivant qu'on prend l'écriture des manuscrits, des diplômes, des sceaux, des monnaies. Outre les caractères généraux qu'offrent les diverses espèces de gothique aux différentes époques, chaque province a, dans sa façon d'écrire, un caractère propre qui est un peu à l'écriture ce que l'accent est à la langue. Dans le midi, les lettres sont plus carrées, dans les provinces de l'ouest plus aiguës, en Champagne plus arrondies, en Flandre plus fines, etc. Pour l'Italie, les différences sont plus accusées encore selon les provinces.

La calligraphie des manuscrits, qui était arrivée au XVe siècle à constituer un art véritable et dont l'emploi était relevé par le mélange des couleurs, l'encadrement des miniatures, des fleurs et des enjolivements de mille sortes, reçut un coup mortel de la découverte de l'imprimerie, qui date du milieu du XVe siècle. Les faiseurs de manuscrits, en disparaissant, laissèrent sans principes et sans guides les scribes des chartes et des actes publics, et la tradition gothique se perdit graduellement. Toutefois les caractères typographiques apportèrent les modèles que les chefs-d'œuvre chirographiques ne fournissaient plus. Les premières impressions sur bois avaient d'abord imité l'écriture, plus tard on saisit souvent chez celle-ci une imitation de l'impression en caractères mobiles. Les lettres, qui dans les actes publics tout à la fin du XVe siècle reviennent un peu aux formes de l'onciale, se rapprochent sous Louis XII des caractères dits romains, dont les presses de Venise avaient donné de parfaits modèles. Mais ce n'est pas seulement l'invention de Gutenberg qui entraîna la décadence de l'art d'écrire calligraphiquement ; c'est encore la multiplicité des écritures, c'est ce qu'on pourrait appeler le progrès de la paperasserie, car ce progrès date surtout du temps où le papier se substitua au parchemin. Une des causes qui contribuèrent à faire abandonner la minuscule pour l'écriture mixte gothique, c'est que les actes étaient devenus bien plus nombreux, c'est qu'on n'avait plus le temps, comme par le passé, de peindre les mots. Aussi la calligraphie des diplômes des XIIe et XIIIe siècles, d'une encre restée si étonnamment noire, s'est-elle perdue au siècle suivant. La rapidité de l'expédition, voilà à quoi visaient les notaires, les procureurs et les greffiers. Il n'y avait que les moines qui, dans leur vie paisible, ne comptassent pas avec le temps ; voilà pourquoi au XVIe siècle on ne trouve les belles formes gothiques de l'époque précédente que dans les écrits émanés de quelques communautés, de quelques établissements religieux ; mais ce n'est plus là qu'un archaïsme. Toutefois l'écriture des actes publics garda davantage les traditions ; elle revint même pour la minuscule aux habitudes du IXe siècle. Comme la connaissance de la lecture se généralisait, comme les actes s'adressaient dès lors à un plus grand nombre, on s'attachait davantage à la clarté. Les abréviations incessantes à l'époque précédente deviennent rares au XVIe siècle, et portent presque exclusivement sur la fin des mots. Plus tard dans les actes publics de notre pays, l'influence des chancelleries italiennes se fait sentir ; les caractères se redressent, s'amaigrissent, ils rappellent cette écriture dite *italique* que dans son Virgile imprimé en 1500 Alde avait, disait-on, imitée de l'écriture de Pétrarque et qu'on appela l'*aldino*. Toutefois la cursive, tantôt carrée, tantôt arrondie, a continué d'être en usage. C'est dans cette cursive que l'altération des anciennes formes s'accuse davantage ; elle s'individualise parce que chacun, écrit et suit un peu son caprice et sa commodité. Le besoin d'écrire rapidement en modifie successivement la physionomie, et fait que l'écriture courante, encore presque gothique sous Louis XII, carrée ou arrondie sous François Ier, se penche ou s'allonge à mesure, qu'on approche de la fin du XVIe siècle. Les principes de la bonne calligraphie sont de plus en plus abandonnés.

Au temps d'Henri IV, la cursive est devenue presque seule usitée ; mais les lettres, très rapprochées les unes des autres et généralement assez régulières, conservaient souvent des restes des formes anguleuses de la gothique. Celles-ci ne tardent pas à disparaître complètement sous Louis XIII, alors que les lettres prennent de plus fortes dimensions ; quand elles affectent des formes élégantes, c'est la ronde, ce n'est plus la gothique qu'on a sous les yeux ; mais, là où l'on vise avant tout à la rapidité de l'expédition, Loin de devenir plus claire et plus nette, l'écriture semble renchérir sur le griffonnage le moins lisible des plus anciennes époques. Dans les minutes des notaires, dans les actes de greffe, les mots s'enchevêtrent les uns dans les autres et laissent à peine discerner les lettres, Des abréviations sans nombre et excessives ajoutent encore à l'obscurité, et ce qui se produisait déjà au commencement du XVIe siècle se continue dans les cours souveraines et dans les tribunaux au siècle suivant.

L'uniformité disparut de plus en plus aux XVIIe et XVIIIe siècles. Quand on parcourt une collection d'autographes de cette époque, on s'aperçoit qu'il n'y règne pas un style susceptible d'être nettement défini, bien que certaines configurations de lettres affectent encore à telle ou telle période une physionomie qui peut servir à les dater. L'écriture varie assez sensiblement d'une personne à l'autre ; elle a chez les individus de tel état un autre aspect que chez les individus de tel autre. Tandis qu'elle garde généralement sous les doigts des gens de qualité ses caractères allongés, elle se rapetisse, devient plus ramassée ou plus menue dans l'écriture de la bourgeoisie. Les écrivains de profession, les érudits, les cuistres, qui ont besoin d'écrire beaucoup et vite, ne donnent plus aux lettres ces grands airs de gentilhomme qu'elles conservent dans l'écriture d'un Bossuet, d'un Racine ou d'un Fénelon. Déjà au siècle précédent l'écriture avait subi chez quelques-uns cette modification par les causes qui devaient agir plus puissamment au XVIIIe siècle. L'écriture du célèbre érudit Du Gange, qui écrivait au milieu du XVIIe siècle, est presque menue ; celle de Colbert, moins régulière, ne l'est guère moins. C'est que le grand ministre avait été d'abord simple commis et qu'il écrivait à chaque instant. Comparez son écriture à celle du marquis de Torcy, son neveu, voyez comme les lettres s'allongent, comme les jambages ont gagné en hauteur : c'est que le marquis de Torcy se sent déjà de noble race. Il a pris les habitudes des gentilshommes, qui donnent à leurs caractères plus d'ampleur ; mais au voisinage de la révolution, même chez les gens de qualité, l'écriture tend à se raccourcir : elle est bien l'image de ce qui se passe et nous montre l'abaissement des grands. Rapprochez l'écriture de Louis XVI de celle de

Louis XIV, et vous pourrez vous dire, rien qu'à la vue de ces caractères, que l'infortuné monarque ne devait être que l'héritier bien amoindri du grand roi. Il semble même que son écriture se soit encore rapetissée après la prise de la Bastille ; il écrit alors presque comme un bourgeois. C'est que les événements l'obligent à écrire plus souvent, à annoter à la marge une foule de pièces, à écrire même à la hâte, tandis que les rois ses ancêtres et les anciens gentilshommes écrivaient peu et prenaient leur temps.

A dater de la seconde moitié du XVIIIe siècle, il n'y a plus de discipline dans la main ; on a secoué la tradition, on est en pleine anarchie ou, pour mieux dire, en pleine individualité. Chacun écrit à sa guise, l'un gardant plus ou moins les vieilles formes, l'autre suivant dans le tracé sa commodité personnelle, et cette divergence croissante dans les styles graphiques ne fait que s'accuser davantage à la période subséquente. Aussi c'est moins la date que la physionomie du personnage même que décèle la configuration des lettres. Le caractère de celui qui écrit s'empreint tellement sur l'écriture que certaines gens prétendent alors reconnaître le tempérament de l'homme à sa main, et leur prétention ne sera pas toujours chimérique ; dans bien des écritures, on discerne quelque chose qui répond au caractère du personnage. Jetez par exemple les yeux sur le registre des procès-verbaux de l'assemblée nationale, où sont couchés les noms de ceux qui souscrivirent dans la séance du 20 juin 1789 au fameux serment du jeu de paume ; rapprochez ces signatures du caractère de ceux qui les ont tracées. Que de curieuses conformités confirmées pour des autographes plus étendus, d'autres pièces émanées de personnages non moins connus dans notre histoire contemporaine ! Robespierre n'apparaît-il pas là tel que la révolution l'a montré, dans cette écriture petite, sèche et sans liaisons ? Son nom est inscrit dans le procès-verbal de la séance du 20 juin, tout près de celui de Boissy-d'Anglas, dont l'écriture grande et franche contraste avec la sienne. Non loin de là est la signature lourdement prétentieuse du fondateur de la secte des *théophilanthropes*, l'un des directeurs de la république française, L.-M. De la Révelliere de Lépeaux, comme il l'écrit. Le caractère résolu et tenace de Lanjuinais se lit bien dans ces lettres écrasées tracées d'une main pesante. Aussi hardie, l'écriture de Rabaut-Saint-Étienne est moins ferme. Celle de Talleyrand est tortueuse, et l'écriture de Mirabeau rappelle la grande écriture des gentilshommes du XVIIe siècle. C'est une sorte d'onciale, mais plus serrée, où la fierté se mêle à l'impatience. La signature de Barnave trahit l'émotion, celle de Merlin de Douai l'obstination. Comparez l'écriture de Fouquier-Tinville à celle de l'exécuteur Sanson, quelle analogie dans la brutalité du tracé ! Enfin pour mentionner les victimes après les bourreaux, n'est-on pas frappé de la noble fermeté que présente l'écriture de Marie-Antoinette écrivant à Mme Elisabeth après sa condamnation à mort ? La main n'a pas tremblé, les caractères sont demeurés pour l'aspect ce qu'ils étaient quand la femme était reine ; on n'y aperçoit ni affectation ni colère. Cette écriture-là est tout à fait de la même famille que celle de Charlotte Corday allant comparaître devant ses juges ; elle se rattache, bien que de plus loin, à celle de Mme Roland.

En fait d'écriture, on ne vise plus à la calligraphie, on se contente de copies nettes et lisibles. Le métier de scribe, qui était un art quand il fallait faire transcrire autant de fois un livre qu'on en voulait posséder d'exemplaires, et quand c'était la mode d'ajouter aux lettres initiales de gracieux ou bizarres ornements pour en rehausser la forme, n'est plus à cette heure qu'un misérable métier. Plus nous avançons, plus nous remettons à des procédés mécaniques le soin des transcriptions. Quand on n'imprime pas, on autographie. La photographie, la photogravure sont aujourd'hui préférées aux meilleurs copistes, parce qu'elles sont plus exactes. Il n'est pas jusqu'à la télégraphie électrique qui ne charge elle-même un appareil d'écrire la dépêche que l'on reçoit. Toutefois, si l'on vise à la rapidité, le besoin de clarté qui se faisait déjà sentir au XVIe siècle se manifeste de plus en plus. Dans l'écriture cursive, l'imperfection et l'arbitraire du tracé mettent parfois assez notre sagacité à l'épreuve pour qu'on n'y ajoute pas la difficulté des abréviations, et, sauf un petit nombre, on les a totalement bannies. Cependant malgré les altérations que jusque de nos jours le caprice ou la maladresse fait subir à l'écriture usuelle, la cursive garde en France plus de clarté que chez les Allemands, qui ont conservé des ligatures abréviatives, que nous rejetons, et allongé les panses de lettres de façon à en faire presque de simples jambages. Plus attachés que nous aux traditions du moyen âge, nos voisins ont persisté pour l'impression dans l'emploi des caractères gothiques dont ils ont toutefois adouci les angles depuis deux siècles ; auparavant ils se servaient encore d'une gothique que l'Angleterre et la France avaient depuis longtemps abandonnée. Chez plusieurs peuples où l'influence germanique s'est fait sentir, l'écriture allemande a prévalu au moins en typographie ; mais la clarté, la netteté, et, comme diraient les typographes, le *bel œil* de notre alphabet romain et de notre italique, tels qu'ils sont sortis des progrès de l'art, le font de plus en plus préférer à l'alphabet allemand. Déjà, pour un grand, nombre de livres imprimés en langue allemande, on a adopté les lettres latines, et les Roumains, qui sous une influence slave s'étaient servis dans le principe des lettres cyrilliennes, qu'ils abandonnèrent ensuite pour un alphabet formé de l'alphabet russe enrichi de quelques lettres, ont fini par y substituer l'alphabet latin, dont les droits sur leur idiome sont assurément très fondés, cet idiome appartenant à la famille des langues romanes.

L'invention de l'imprimerie a eu l'avantage de rendre l'écriture moins variable qu'elle ne l'était quand tout se traçait à la main ; elle a fait pour l'écriture un peu ce que celle-ci avait fait pour le langage. En uniformisant les styles, elle a donné plus d'unité à la façon de figurer les lettres et a facilité par là les communications intellectuelles. Doit-on croire qu'elle ait pour cela rendu à tout jamais impossibles de nouvelles et profondes modifications dans l'écriture, qu'elle ait irrévocablement fixé l'alphabet et imposé un tracé cursif dont il sera impossible de nous détacher ? A considérer la généralité de l'emploi de l'écriture, la multiplicité des correspondances, la nécessité pour les peuples civilisés de se mettre de plus en plus en relation écrite les uns avec les autres, on sera assurément tenté d'admettre que tous les peuples adopteront un jour un seul et même alphabet, conséquemment un procédé uniforme d'écriture, Cette unification graphique, dont on pourrait voir l'avant-coureur dans l'unification des poids et mesures et des monnaies, présente toutefois de grandes difficultés. Si elle est désirable, si elle n'est pas impossible, elle demande au moins la solution préalable de bien d'autres problèmes du même genre et fort embarrassants à résoudre. Un alphabet unique, c'est déjà la moitié du chemin fait pour arriver à une langue universelle, car une telle unification entraînerait dans chaque idiome des changements d'orthographes et par suite de prononciations qui auraient pour effet d'effacer bien des différences entre les diverses langues. On peut juger de la difficulté par celle qu'offre un problème assurément moins complexe, l'adoption d'un même système de transcription pour rendre les mots appartenant aux langues orientales. Chaque peuple, presque chaque auteur, a pris l'habitude de représenter à sa guise, et selon l'orthographe de sa langue, les sons que traduit tel ou tel mot de l'un de ces idiomes, de représenter telle lettre de l'alphabet arabe ou tibétain, tel son chinois ou japonais par une lettre ou un assemblage de lettres. Il règne à cet égard une singulière confusion qui a pour effet de dénaturer les noms orientaux lorsque ceux-ci passent d'une population européenne à l'autre. C'est ce qui arrive notamment pour tous ces noms géographiques que nous fournissent les Anglais et les Anglo-Américains, qu'ils apportent de l'Inde ou du *far-west* sous le déguisement de leur propre prononciation ; nous adoptons leur orthographe, et nous nous faisons alors souvent de ce que ces mots sont réellement la plus fausse idée. Le problème de la transcription des noms a fort occupé certains savants. Le célèbre voyageur Volney, qui, après Maimieux et de Brosses, tenta de composer un alphabet harmonique propre à représenter tous les éléments possibles de la parole, échoua. La solution du problème exigerait qu'on se fût préalablement mis d'accord sur le nombre de ces éléments mêmes, et on ne l'a point encore fait. Ainsi, tandis que, suivant un philologue français récemment enlevé à la science, M. Eichhoff, le nombre des articulations simples se réduit à 50, Büttner en compte plus de 300. Le désaccord qui règne à cet égard a fini même par faire abandonner l'étude de la question, si bien que le prix fondé à l'Institut par Volney en faveur de celui qui la résoudrait a dû être transformé en un prix de philologie comparée dont l'établissement a porté de bien meilleurs fruits. On s'est pourtant entendu pour diverses natures de son ; quelques-uns des systèmes proposés répondent dans une certaine mesure au but à atteindre. Je citerai celui d'un célèbre égyptologue allemand,

M. Lepsius, auquel plusieurs philologues continuent de se conformer, et celui d'un orientaliste français, M. Léon de Rosny, auteur d'un savant travail sur les alphabets. Ainsi on est parvenu pour la transcription de l'alphabet dévanâgari à un certain accord, grâce auquel on peut reproduire assez fidèlement des textes sanscrits sans avoir recours aux caractères originaux. L'unification des écritures cursives offre encore plus de difficultés que celle des caractères typographiques, et l'on en serait réduit, pour une écriture universelle, à des moyens artificiels et passablement arbitraires ; plusieurs impliquent l'adoption d'un système de transmission phonétique commun qui n'est pas moins embarrassant que l'unification des signes graphiques et pour lequel on en arrive même, comme cela a lieu dans le procédé de M. Sudre, à faire intervenir l'élément musical. L'unité de notations pour la musique semble en effet nous fournir la preuve qu'un système commun de notations phonologiques n'est point une chimère ; mais la généralisation d'une méthode exigeant une éducation délicate de l'oreille est plus difficile encore que celle d'un procédé tel que la sténographie, qui demande une grande dextérité de main. La sténographie à laquelle nous recourons pour reproduire les débats de nos assemblées délibérantes est d'ailleurs fort loin de s'adapter à toutes les langues. Précisément parce que la rapidité du tracé veut que l'on s'affranchisse de l'orthographe, qu'on se borne à rendre strictement le son, l'accord doit être bien arrêté en ce qui touche la prononciation des lettres, et cela n'est pas possible entre idiomes de génie phonétique très différent. Assurément notre sténographie est fort supérieure à certaines tachygraphies usitées dans l'antiquité et au moyen âge. On pourra notablement simplifier les moyens d'exécution, parvenir à remplacer, comme on l'a récemment proposé, la main armée de la plume par le toucher d'un clavier ou des pédales qui écriront pour le sténographe, et permettront de reproduire un discours aussi vite qu'on exécute un morceau de musique : mais il est fort à craindre qu'on ne perde alors en clarté ce qu'on aura gagné en rapidité, et, quoi qu'on fasse, on se heurtera toujours à la difficulté d'inventer un système de signes qui puisse être adopté par toutes les langues et toutes les prononciations. Il semble que, pour résoudre le problème d'une écriture commune, on dût revenir à ce qu'était l'écriture dans le principe, un assemblage d'idéogrammes dont le sens serait indépendant de la valeur phonétique qui peut s'y attacher ; mais l'emploi de ces signes universels d'idées conduirait les hommes à ne plus se servir que d'un langage aussi enfantin, aussi grossier que celui que nous appelons le langage nègre, et auquel nous ramène un peu, il faut en convenir, la rédaction des télégrammes. Un pareil système serait tout au plus applicable à certaines correspondances fort élémentaires, à certains échanges très limités d'idées ; il ne saurait se prêter à la composition des œuvres littéraires, être acceptable partout où il importe d'exprimer les nuances de la pensée avec netteté, précision, élégance.

On le voit, nous sommes bien loin d'une écriture universelle, aussi loin peut-être que d'une langue unique ; mais, si l'on ne peut opérer à cette heure d'unification entre des alphabets radicalement différents et depuis longtemps en usage, on peut au moins réduire le nombre de ceux qui existent. Il se produira sans aucun doute pour les systèmes graphiques ce qui s'est déjà produit à l'égard des langues. Bien des idiomes tendent à disparaître pour ne plus laisser à la surface du globe que quelques idiomes qui finiront par s'en partager seuls la possession. Les alphabets particuliers à certaines langues mourront avec ces langues mêmes, et l'on ne comptera plus sur la terre qu'un nombre fort restreint d'écritures. L'alphabet latin a déjà pris la place de plusieurs alphabets par la substitution de l'emploi d'une langue européenne à un vieil idiome national.

L'histoire de l'écriture soulève encore une question. Le système alphabétique est-il le dernier mot des procédés graphiques ? Fera-t-il un jour place à un système plus simple ? Je ne le pense pas, et voici les motifs de mon opinion. Toutes les inventions humaines ne sont pas susceptibles d'un progrès indéfini ; elles trouvent des bornes dans l'essence même de nos facultés, dont elles facilitent l'exercice, étendent l'application, mais ne sauraient changer la nature. Une fois qu'une invention a fait produire à l'idée sur laquelle elle repose tout ce que celle-ci peut renfermer, elle doit s'arrêter, absolument comme en géométrie, lorsqu'on a une fois découvert le mode d'évaluation d'une surface ou de la contenance d'un volume, on ne peut plus imaginer un moyen tout à fait différent. Assurément nous avons beaucoup perfectionné nos procédés : l'industrie humaine a fait de nos jours des prodiges, mais il y a des arts qui épuisent leurs ressources ; passé un certain terme, leur domaine ne s'agrandit plus, bien qu'il puisse être de mieux en mieux cultivé. Plus un procédé, plus un art est simple de sa nature, plus il est près du terme qu'il ne saurait dépasser. Aussi pour nombre de ces choses qui ne demandent ni grandes combinaisons, ni une dépense toujours nouvelle d'intelligence, en sommes-nous restés au point où en étaient nos aïeux, où en était même déjà l'antiquité. Les beaux-arts n'avaient-ils pas atteint chez les Grecs plus haut que nous ne nous sommes encore élevés ? Dans d'autres ordres de travaux, ne voyons-nous pas le même fait se produire ? La fabrication d'une foule d'objets très simples n'a pas depuis des siècles plus varié que la manière de faire les quatre règles. L'esprit d'invention se porte sur des actes plus complexes. Cela nous explique pourquoi les sociétés dont les besoins intellectuels et physiques demeurent peu développés, qui ne connaissent guère que des méthodes élémentaires, s'arrêtent de bonne heure dans la voie du progrès, car il faut que les besoins de l'homme s'étendent, se diversifient, se raffinent, pour que son invention s'aiguise et s'exerce. Cette remarque, soit dit en passant, nous fait comprendre pourquoi les animaux paraissent stationnaires dans leurs habitudes, que l'on a longtemps regardées, non comme le résultat de connaissances acquises et transmises par l'éducation, mais comme l'effet d'un instinct spontané, quoiqu'il suffise de les observer dans l'exercice de leur industrie pour se convaincre qu'ils y apportent de l'invention et de l'intelligence, qu'ils modifient certains petits détails de leurs procédés suivant la nécessité du moment. Les besoins des animaux étant, comme leurs facultés, beaucoup plus restreints que les nôtres, leur intelligence a promptement trouvé ses bornes, et il n'a pas fallu de bien nombreuses générations pour les amener au point où nous les observons aujourd'hui ; ils ne peuvent plus guère le dépasser, et c'est à tort que nous voyons là une preuve de la spontanéité de leurs aptitudes.

L'homme est arrivé déjà pour certaines choses à cette limite infranchissable, mais pour une foule d'autres il a encore une longue voie à parcourir. Comme la variété infinie des formes d'activité de notre être intellectuel et moral engendre sans cesse des besoins nouveaux, notre génie inventeur trouve sans cesse de nouveaux mobiles. La parole dans ses différents modes d'expression, l'écriture qui en est la manifestation visible, doivent, dans leur évolution, atteindre un terme final, un état au-delà duquel il ne sera plus possible d'avancer, de même qu'il viendra un temps où il ne nous sera plus permis de découvrir sur notre globe des contrées inconnues. Ces grandes inventions, fruits précoces et printaniers de notre intelligence, sont arrivées de bonne heure à se constituer avec ce qu'elles avaient de plus essentiel ; elles n'ont plus subi ensuite que de lentes modifications, qui ne sont que des améliorations de détails, des perfectionnements secondaires, tenant plus aux instruments employés qu'au fond même du procédé. L'écriture a déjà traversé les grandes phases de son existence ; il ne lui est plus possible d'opérer des métamorphoses aussi profondes que celles qui ont marqué le passage de l'idéogramme au syllabisme, du syllabisme à l'alphabétisme, et les faibles progrès qu'elle peut comporter encore semblent n'en devoir changer ni les éléments, ni le système.